《周易》正解

魏殿生 著

浙江文艺出版社

图书在版编目（CIP）数据

《周易》正解 / 魏殿生著. -- 杭州 : 浙江文艺出版社, 2025. 1. -- ISBN 978-7-5339-7729-0

Ⅰ. B221.5

中国国家版本馆CIP数据核字第2024NE1223号

策划统筹　虞文军　王宜清
责任编辑　林聚佳
责任校对　牟杨茜
责任印制　吴春娟
版式设计　徐然然
封面设计　小花生
营销编辑　周　鑫

《周易》正解

魏殿生　著

出版发行　浙江文艺出版社
地　　址　杭州市环城北路177号
邮　　编　310003
电　　话　0571-85176953（总编办）
　　　　　0571-85152727（市场部）
制　　版　杭州天一图文制作有限公司
印　　刷　浙江新华印刷技术有限公司
开　　本　880毫米×1230毫米　1/32
字　　数　221千字
印　　张　9.5
版　　次　2025年1月第1版
印　　次　2025年1月第1次印刷
书　　号　ISBN 978-7-5339-7729-0
定　　价　52.00元

中华文明凭借力　天翻地覆慨而慷

雄鸡一唱天下白。《周易》六十四卦规律横空出世使中华文明之"效法自然、天人合一"屹立于世。自然规律无法抗拒，中华民族祖先在求生存发展的认知中，摸索发现了顺应自然规律、效法自然能够生活得更好的朴素的唯物辩证思想方法。经过一代代人的完善，进入农耕社会，周文王姬昌将其灌注到《周易》六十四卦之中。由农耕社会获得丰收过程的规律性认识，准导出人世间万事成功的一般性规律。不但农业生产要遵从大自然的规律，所有事情的成功也得顺应自然规律，并依此打造了中华民族的世界观、人生观和价值观。他们用最伟大的智慧为中华文明复制、植入了"天地自然是人类父母"的基因。因为敬畏宇宙自然、顺应天地自然变化，以自然规律为法度，信奉天人合一，中华文明融入了宇宙自然变化的轨道和兴衰周期。这是《周易》为源头的中华文明永不衰竭的宇宙自然之力！今天，在全球气温升高威胁人类生存时，我们不得不由衷赞叹中华祖先"效法自然、天人合一"思想的深邃伟大！

《周易·系辞传》说，伏羲"仰则观象于天，俯则观法于地。……始作八卦""乾坤成列，而易立于其中矣。乾坤毁，则无以见易。易不可见，则乾坤或几乎息矣。"在中华文明里，乾坤代表天地、父母。人类是天地孕育出来的精灵，是天地的子女。人类要敬畏、学习、效法父母，践行天人合一。"天"展示给人类的是天体运行永不停息，人类从天那里继承的是"自强不息"；"地"展示给人类的是养育万物，人类从地那里继承的是"厚德载物"，共荣共生。……天地排成上下，《周易》阐述的天地之间阴阳变化的规律就蕴含在其中了，并与天地共存亡。《周易》演绎出来的几千年中华文明的叙事方式与大自然融为一体，随自然规律演化繁衍、随天地自然兴衰周期律动，有着天造地设的文明韧性。这个兴衰周期是与天地同在的漫长的星系演变过程。我们祖先对自家创造的文明坚信不疑，他们已经预见到了他们开创的效法自然的中华文明会绵延不绝。

古籍记载伏羲之后有"三易"：夏代的《连山》，商代的《归藏》，次第升级到周代的《周易》。原始八卦的八个符号是祖先出于生存本能处于天地之间躲避风火雷电等自然灾害的思想结晶，目的是趋吉避凶；《周易》六十四卦是中华祖先在实践中认识自然、掌握自然规律，进而利用自然规律的思想结晶，目的是趋利避害、追求成功。《周易》质的飞跃使人们淘汰了《连山》《归藏》。这是整个中华民族世世代代效法自然的集体智慧结晶，使得中华文明成为地球上独步古今、长盛不衰、流传至今的唯一古代文明！《论语·阳货篇》说："天何言哉？四时行焉，百物生焉，天何言哉！"庄子在《知北游》中进一步解释说："天地有大美而不言，四时有明法而不议，万物有成理而不说。圣人者，原天地之美而达万物之理。"原，最初的。这里用作动词，推断原初的道理。天地无语,《周易》代言。"天地大美""玥法成理"尽在《周易》之中;四时更替法度、万物成功之理,尽在《周易》之中。《周易》不仅是诸子百家之祖,更是中华文明开拓进取和人类生存发展的基因池。天地自然生生不息,中华文明随之生生不息。

《周易》乃天地精华,有取之不尽用之不竭的人生成功宝藏。学用《周易》的根本原则在于"时"字。《周易·系辞传》说:"《易》之为书也,……不可为典要,唯变所适。"不能将《周易》作为不变、僵硬的准则看待,要作为一个思想方法,适应事物的变化产生的问题去折中寻找解决问题的方法。就是通常说的"以问题为导向",发挥个人想象力、创造力、创新力去解决问题,打开新局面。这是《周易》生命力之所在、千古魅力之所在。大自然变化无常,充满不确定性,只能具体情况具本分析加以应对。《周易》提供的是一种世界观,即观察世界的方法;《周易》也提供了一种方法论,即解决问题的思想方法。它使人类适应自然创新发展永不重复,是检验实践成功与否的标准。又,《周易·大有》说:"应乎天而时行,是以元亨。"顺应天地自然而顺时行动,因此做事圆满通顺。"时"的本质是在适当的时机选择恰当的行动达到目的,是机会与行动的完美配合。"时"来源于农耕社会的"农时",是中华祖先感知领悟到的、最早的效法自然规律取得成功的生存范例。它是农耕社会的命根子,直接决定着"民以食为天"食物的丰歉、人类的饥饱生存。司马迁在《史记》里说农历四时二十四节气"顺之者昌,逆之者不死则亡"。现在人们还说"人误地一时,地误人一年"。农时就是收成,当代农业仍然坚守着这一条,不敢违拗。中华祖先经过世代农耕劳作思考积累，获得了人类"效法自然、顺应四季"能生活得更好的启示，并由此领悟到万事万物的成败都在于一个"时"字。自然规律的"变异"与个人应对的"时"精准结合获得成功是姬昌最伟大的发现，使《周易》有了永久的生命力。孔子感叹逝者如斯，川流不息。苏东坡在赤壁游船上对友人说，你现在看到的流水不是上一秒流过的水，也不是下一秒流过你面前的水。一切都在不停地变化，机会转瞬即逝。易，变异，移易。其直接结果就是产生新的矛盾和问题，你不去选择适当方法解决，事情就会恶化、腐败。时，时机，机会。你及时选择恰当方法处理了矛盾、解决了问题，有利于你的局面就会产生帮助，影响随后演变为成功的新规则。四两拨千斤，事情会越来越顺，成功离你越来越近。"时"与"易"是《周易》这个硬币的正反两面，没有"易"则"时"皮之不存，没有"时"则"易"与人无干。伟大的孔子忠实地保存了《周易》的本意，不厌其烦地强调"时"字的意义重大，使得《周易》历久弥新，中华文明长盛不衰。

《周易》揭示的宇宙自然规律是物质的、变化的，需要人们以唯物而辩证的思想方法去理解它、效法它、顺应它。这是中华文明、中华文化的理论基石，文化自信的大本。

孟子说，"天将降大任于是人也，必先苦其心志，劳其筋骨，饿其体肤，空乏其身，行拂乱其所为，所以动心忍性，曾益其所不能"。这段话对个人来说是如此，对一个民族来说也是如此。中华文明是一个伟大的文明，历久弥新。

2024 年 1 月

Contents

目录

上　篇
《周易》入门

I

中 篇
六十四卦及解释

下 篇
卦后篇及解释

V

上篇

《周易》入门

为什么要学《周易》

　　世界上所有问题都可以归结为一个非常基本的问题：不知道。我们不知道哪只蝴蝶在什么地方扇动几下翅膀引发了一场风暴，我们不知道下一个病毒的变种何时肆虐，我们不知道下一个动乱发生在什么地方……由于不知道，就会招致失败。"不知道"是永恒的，但人与自然是双向互动的，主观思想、行为与客观实际也是双向互动的。我们的祖先在生存斗争中认识到"不知道"是无法改变的，但失败却是可控的，损失可以降到最低。他们效法自然规律摸索总结出了改变个人主观思想方法和行动方式从而使自己立于不败之地、获得成功的经典，这就是《周易》。

　　《周易》是教育人们为人处世、取得成功的"人生模型"之书。"《易》者，成大业之书。"《周易》是五经之首、诸子百家之祖。我们的祖先认为，人类是天地孕育出来的精灵，天地自然是人类的父母。人类身上具有天地父母赋予的遗传密码，如果说人类要学习什么，那么首先就要向自己的父母——天地自然——学习。《周易》就是先贤依据"天人相通""天人合一"思想建立起来的一个"人生模型"。它模仿、效法自然，探索成功之道。《周易》原著极为精练，20884字，其中六十四卦14180字，其他6704字为阐述先贤效法自然规律的思考过程以及正确理解六十四卦文字必备的思想认识基础。它经过历代圣贤实践、总结、提炼，成了一部"顺性命之理，通幽明之故，尽事物之情，而示开物成务之道"的书。

"时来天地皆同力，运去英雄不自由"，是唐代罗隐在筹笔驿怀念凭吊诸葛亮一生功业的千古名句。毛泽东曾引用批注在《南史·梁高祖本纪》的页边，表现出他对这句诗的深刻理解和高度认同。我们学习《周易》，就是为了借天地之力，与天地同力，把握时运，成就人生事业。因此，追求事业成功、有志于国家民族兴旺发达、探索社会进步的人不能不知、不能不学《周易》。

《周易》为君子谋，它是一种世界观、人生观，还是一种方法论。模仿、效法自然规律，是观察认识世界的途径，这是世界观；从观察自然规律进而认识到天人相通、天人合一的思想，摆正人生的位置，这是人生观。有了《周易》标正的世界观、人生观，人生就进退有据。这是一个人的主心骨。性善性恶，是一个千古争议的话题，实际上很简单，进退有据就性善，进退失据就性恶。《周易》还是方法论，它告诉你做事情如何开始，如何推进，事中当心什么，事成后该怎么办。

《周易》帮助人们"决疑难"。这是《周易》的主要功能。生活是你以往所有选择的总和。人的一生有无数的选择，其中让人举棋不定、左右为难、十分纠结的问题经常会碰到。这时《周易》的卦辞、爻辞、卦象、爻象对事物的共性描述文字会启发你的思路，指点你如何处理。

《周易》是成事之书、成功之书。在封建时代，人生能做的最大的事情莫过于争夺天下，最大的成功莫过于登上皇位，建立"家天下"。《周易》因此又被称为"帝王之书"。所以《周易折中》里说学习《周易》，"六爻人人有用，圣人自有圣人用，贤人自有贤人用，众人自有众人用，学者自有学者用，君有君用，臣有臣用，无所不通"。

孔子对自己的五十岁有两句话：一句是"五十以学《易》，可以无大过"，第二句是"五十而知天命"。把学《周易》与知天命并称为五十岁的人生境界，是说学《周易》能明白自然规律，知道天命所归，采取正确的行动，不犯大的错误。孔子认为人之道犹如天之道，虽不可违抗，却能预防，可以远害避祸，趋吉避凶。或者改变环境，或者调整自我，这是人生的一种境界。不足21000字的《周易》原著不应该成为难以攀登的珠穆朗玛峰。对于有阅读习惯的人，即使一字一句学习理解，也花不了多少业余时间。而一旦掌握了《周易》的思想，日常工作就进入了自由王国，人生也会进入另一种境界。

《周易》是中华民族的文化重器、文化利器。中华文明几经波折始终不灭，根源就在于效法自然规律。它蕴含着千古不易、颠扑不破的优秀世界观、人生观、方法论，理应以此教育子孙后代。香港的大学已经开设了《易经》课程。而许多人对《周易》仍持否定或回避的态度，国学大师们对此不置一言，任由重器、利器蒙尘，令人扼腕叹息。我不相信什么迷信之说，因此花三十余年时间探究它，总结历代名臣名将的学习心得，找出它成卦的内在规律，公之于众。自此，那些强加在《周易》头上的迷信之说不攻自破。《周易》六十四卦只是以小事说大义，指导你成事的思想方法，迷信理由何在！《周易》的文字深奥难懂是真，但绝不"迷信"。有些人自己浅薄，迷信那些"理论家"，也不想花力气去读懂，人云亦云。有些人无视历朝历代先贤的智慧结晶，胡乱把"迷信"二字贴在《周易》这部世界文化史的顶尖著作上，贴到中华文化的源头上，长异族文化的志气，灭中华文化的威风，真是愚不可及。

二

《周易》是怎么来的

在《周易》书中《系辞传》的说明里，谈及《周易》始于包牺氏，即伏羲。伏羲为天下之王时，仰则观象于天，俯则观法于地，观鸟兽之文与地之宜，近取诸身，远取诸物，始作八卦，类万物之情。此后代代相传，经过神农氏、黄帝、尧、舜的持续实践总结，口传身授。在夏朝成书，叫《连山》，这时是象形的甲骨文萌芽的年代；在商朝叫《归藏》，这时是甲骨文成熟、钟鼎文兴起并能表达万事万物的年代；最后传到周朝，这是中国方块字成形的年代。如果说由于年代久远，我们对先贤效法自然没有什么感性认识的话，那么现在仍然在使用的中国象形的汉字和神农尝百草开创先河的中医就明确无误地告诉了我们什么叫"效法自然"，也是为什么说《周易》是诸子百家之祖的最好说明。《史记》等史书记载，近三千一百年前，周文王姬昌被商纣王囚禁于河南羑里（今河南汤阴北），长达七年。商纣王甚至将姬昌的儿子剁成肉酱让他吃下去。姬昌内心非常郁结，难以纾解，发愤将前人流传下来的八个原始卦（又叫先天八卦）两两排列组合，推演为六十四卦。其后姬昌儿子周公旦会同兄弟周武王伐纣，夺取了天下。在争夺天下和执政的过程中，周公旦进一步实践检验、充实完善了六十四卦，《周易》成形。在姬昌去世五百年后，中华文化孕育了伟大的孔子，在韦编三绝后，最终搞定《周易》原著。史上《周易》《易经》《易》三名并称。易即变、变易的意思。先贤用八卦符号加文字说明来阐述天人合一的世界观、人生观和做人做事成功的方法。八卦是符号系统，文字是对符号的解说。

儒学大师孔颖达说："易者，变化之总名，改换之殊称。自天地开辟，阴阳运行，寒暑迭来，日月更出，孚萌庶类，亭毒群品。新新不停，生生相续，莫非资变化之力，换代之功。然变化运行，在阴阳二气。故圣人初画八卦，设刚柔二画，象二气也；布以三位，象三才也。"易是变化的总名称，是改变的特殊叫法。自从宇宙天地出现以后，阴和阳这两个抽象的状态开始对立统一地运行，夏天冬天轮流，太阳月亮交替，非常有规律地萌发万物，使万物顺畅生长。新的事物不停涌现，新老生命交相替换。这些都是借助于变化的力量，是更新换代的功绩。因此圣贤们依照自然初步画出八卦，设置刚柔两面，象征阴阳两个状态；分布三个位置，象征天地人三才。这里的才，意思是有自身能动性的材料资源，天、地、人都具有自身的能动性，被称为三才。

在我们的祖先有了"人"的意识、开始"人"的思考之后，面对的就是天和地，人与天、地并列为三。把天地当作人的父母，天在上，地在下，人在中间。人有男女之别，天有白天黑夜，地上的万物有春夏秋冬对立转化的生死循环。先贤将天地万物抽象归纳为阴阳两大类：用两个短横"--"表示阴，称为阴爻；一个长横"—"表示阳，称为阳爻。将天、地、人、阴、阳

五个元素排列组合出八个互相不重复的符号：☰ ☷ ☳ ☴ ☲
☵ ☱ ☶。上为天，中为人，下为地。这就是我们通常说的八
卦。☰，象征天，为乾卦；☷，象征地，为坤卦；☳，象征雷，
为震卦；☶，象征山，为艮卦；☲，象征火，为离卦；☵，象
征水，为坎卦；☱，象征泽，即湖泊沼泽，为兑卦；☴，象征
风，为巽卦。不难看出，这个原始八卦反映了古人落后艰难的社
会生存环境。八卦显示的这些天、地、水、火、雷、风、山、泽
是人类蛮荒时代的自然景象。这是古人类生存其中的无法逃避的
现实环境，他们就在这些自然现象的夹缝中讨生活。他们要生
存、发展，就得与之抗争。在大自然面前，人是太渺小了。这种
渺小地位，至今也没有改变。但人就是人，他们总要想方设法驾
驭自己的命运，让生活过得更好，直至今天我们仍继续着这个执
着的努力。古人基于大自然是人类的父母，人是大自然的孩子，
天人合一的思想，对这八大自然现象加以分析、排列、组合，试
图从中找出天人相应的规律，趋利避害，获得成功。随着人类社
会的发展进步、人类知识智慧的积累、文字的出现、阶级的分
化、物质利益的争抢，人类的活动范围和生活不再是那么原始粗
放，简单粗糙的八个卦图已经不能承载丰富的社会生活意蕴。后
继的先贤周文王姬昌将八个原始的卦两两重叠为六个爻位的六十
四卦，三百八十四爻，形成"为君子谋，不为小人谋"的《周
易》，打造出了做人做事获得成功的人生模型。

先贤从自然界的年复一年，一年里的四季轮回，每天日、月
的周而复始，万物从生到死，然后再生、再死这些循环往复中得
到启示，模拟设计出一个大的生灭过程。把人的一生所经历的阶
段、时期和必然遇到的重大事情，以生命的产生、成长、旺盛、

衰败、消失的生物钟节律的顺序，用六十四个字或词表示出来，定为六十四卦的卦名。卦名是对人生的每个阶段、时期或遇到的重大事情的不同情况高度概括提炼出来的字或词。《周易》的《系辞传》里指出"其称名也小，其取类也大"。各卦取名字用的词语是具体的小事，但它代表了一个大类的事物。各卦之间有转化，又有自己明显区别于他卦的特点。万事万物从产生到消亡的过程并不是孤立的封闭循环，六十四卦的最后不是以既济卦作结，而是以未济卦结尾，意味深长。旧的循环还未结束，新的循环已经酝酿开始，万事万物都是了又未了，暂以不了了之。每卦内部根据事物发展变化特点，总结设计出了事物从开始到终了的小过程，用六个爻来表示发展变化的重要节点以及发展变化的转接、趋向关系，启发人们根据具体情况去思考解决问题的办法。

三

《周易》为什么历久不衰

《周易》历久不衰的原因在于它蕴含着效法自然的成事规律。这是中华文明在世界古文明中成为唯一一个传承于世、生生不息、兴旺发达的文明的奥秘，也是许多异族文化被汉文化所同化的根本原因。历史已经证明，效法天地、天人合一的中华文明是永恒的人类文明，具有强大的战斗力、生命力。以历史唯物主义、辩证唯物主义的观点研究六十四卦后，你会发现《周易》的六十四卦是有成卦规律可循的。所有卦的六爻设立原则都是程式化的，这个程式化就是对成就事业的共性描述。找出这个规律是《周易》研究历史上前无古人的突破，是本书的最为紧要之处。先贤设置六十四个大象（卦象）、三百八十四个小象（爻象）表达《周易》的思想，使得后人在理解六十四卦时就像瞎子摸象，始终不见全象。找出六十四卦的共同成卦规律，一通百通，全象廓然清楚，六十四卦成了一个有灵魂统率的有机系统，不再是零散的难以理解的个体。

《周易》的作者把一件事情从始至终的成事过程，分为六个阶段，分别用初爻、二爻、三爻、四爻、五爻、上爻表示。初爻为事情的开始，处于酝酿、萌芽、弱小、幼稚状态。尽管各卦因所说事情的不同而用词不同，但阐述的意思都是围绕"开好头"展开。根据初位上是阴爻还是阳爻，可能是直接说慢慢来，不能急，也可能是发出警告，提醒不要冲动、莽撞。其体现的是"开始好是成功之半"的思想。二爻是事情的发力、加油、加速阶段，花力气就会出效果。《周易》将其定为中位，而又将"中"定为最好的位置，处中而不正也为正。爻辞、象辞也围绕这个展开，告诉你这样做无咎、悔亡、得吉等等。但二位又被定为阴位，阴爻处于此位最好，暗示你埋头努力，不能过刚、急于求成，用力得悠着点。因为刚则易折，事缓则圆，前程漫漫，还远着呢，心急吃不了热豆腐。三爻的位置多凶示，因为事情到了中途，已经有了初步成果，原来的平衡被打破了，各方面的矛盾激化尖锐起来，处于多事之秋。示凶让你如履薄冰，不敢松懈。三爻本身处于下卦（内卦）的上部，将要向上卦（外卦）过渡，处在下卦之极的转变当口，告诫你不能让事情转向反面，要平稳过渡到四爻。四爻离成功只有一步之遥，《周易》把它定为多惧之地，是上卦的开始。《周易》设定四爻为大臣之位，五爻为君位。处于近君之地，"伴君如伴虎"，得格外小心。因为奋斗到四爻的地步，小有成就、小有名气、有地位了，不能张扬震主。爻辞所说的意思与三爻差不多，只是强调心怀敬畏，惧以始终，实际上也是警示为主，目的是要你仍坚持戒惧心态，继续努力，体现了中华文化中"行百里者半于九十"的思想。因此四爻与三爻不同的地方在于：如果四爻绝对服从五爻君主，则得吉无咎，没有凶险；如果对五爻君主三心二意或有矛盾冲突，则依照程度不同指出悔、咎、凶等警示。事情发展到三爻、四爻的阶段，是气可鼓不可泄的时候，《周易》不是从正面说鼓劲加油，而更多的是各式各样的危险提示，提醒你进行危机管理。要做成功一件事情，保持发展的良好状态是正常的，而遇到危机则伤不起。同时，在《周易》的设定里，三爻、四爻为人位。上有天位，即五爻、上爻；下有地位，即初爻、二爻。人夹在天地之间是没得选择的，多凶多惧是人的宿命，我们要认识到这一点。五爻是事情成功收获之爻，孔子说"三多凶"，"四多惧"，"五多功"。五爻被定为君位，功劳成绩都是它的。爻辞象辞在充满吉利、庆贺的同时，依照所说事情的不同，也会加上戒语。上爻是功成之后的初爻，事之终，时之极，过盛而衰是必然的，就是俗话说的"过气了"。"运去英雄不自由"就指这个阶段。先贤看到万事万物都是盛极而衰，犹如瓜熟蒂落，熟透即会腐烂。因而设定《周易》的成功观点：成功之后一定会转向反面，开始另外一个循环。前人对上爻的论断颇多，"上每有不可救者"，"克终难"，克，能的意思。事情成功后容易倾覆，爻辞象辞不是叫你功成不居，就是叫你远走高飞，或者告诉你已经处于穷极之处，灾难将至，让你心理上保持以虚处盈、以损处益、敬慎畏惧的状态，求得短时的太平，使得持满的时间延长一些。但先贤也不是千篇一律地设定上爻为物极必反的倾覆之地，而是因事而异。比如井卦，井水养民，上爻不但不说凶险，反而大喊"元吉在上"。叫你打过水后，不要盖上井盖，其他人还要打水呢，意为造福于民永不过头。又有谦卦，谦虚谨慎，永不为过。上爻高呼"鸣谦"，还要大张旗鼓地宣传并身体力行谦虚，去建功立业，等等。还有一种情况是特例，就是设定上爻为贤人所处的位置，而五爻的君主又"尚贤"，尊崇贤人为师，让贤人处在上面进谏约束自己。这样，君主就没有穷极之灾。这是六十四卦里逃脱物极必反轮回的唯一出路。此中道理在于贤人知道持满之道，会慎终如始、非常小心地对待功德圆满处于穷极之地的环境，以变应变；而君主崇尚贤人，贤人对君主就构成了约束，君主就能逃离物极必反的命运，不会有满盈倾覆之灾。

《周易》不愧为"为君子谋"的书，也难怪有人说它是"帝王之书"。它不但教你如何取得成功，还教你如何保有成功。在中国文化传统里，贤人是广施恩德并且关心人民疾苦的非当权者，忧国忧民，心中装的是国家民族的根本利益。他的言行实质上代表了人民的诉求和意志，贤人是人民对君主约束的代言人。儒家文化认为民重君轻，民为水，君为舟。水能载舟，亦能覆舟。

《周易》说万事万物是变化的，但是万变不离其宗。至此，我们可以得出《周易》的做人做事成功的模式：万事开头难，开头要慎之又慎，一个好的开始是事情成功的一半。启动之后要努力推进，一分耕耘一分收获。事到中途，各种关系失去了原有的平衡，纷繁复杂，凶险异常，半途而废是大概率的事情，需沉着应对。接近成功阶段，必须抱着行百里半九十的心态，戒惧前行，否则一着不慎，满盘皆输，功亏一篑。成功了，不能持满，谦受益，满招损。成功之后，自然规律是物极必反，不能久居成功，或是功成身退；或是以百姓之心为己心，尚德任贤，以保平安；或是走向败亡，皆咎由自取。

任何模型都依靠一个假设而成立，只有在这个假设存在的前提下，模型所说的结果才会出现。如果假设不严密有漏洞，会导致模型运行的最终坍塌。《周易》这个人生模型的理论假设和前置条件就在于此。这就是《周易》六十四卦的成卦规律，卦名各有不同，主旨无一例外。这是《周易》的灵魂，魂有所守，四肢运行皆有主，得心应手。而《周易》的所有字、词、句皆有所安，通体和畅。千古天书，至此破解。它给出了解决我们时常面对的那个基本问题"不知道"的万应灵药。俗话说"创业难，守业难，知难不难"。做事情敬则明，不敬则昏。持有这样敬畏的态度做人做事，想不成功也难！人们感叹天意无常、天道幽微。天地无语，《周易》代言。我们的祖先早就用《周易》六十四卦的六爻揭示了天意之常，探明了幽微的天道，只不过后代子孙中少有人理解而已。

推演、完善《周易》六十四卦的周文王姬昌、周公旦父子应该是心知肚明的。因为他们是农业始祖后稷的后代，他们家族世代钻研农艺，改变了百姓的生存状态，深得百姓拥戴。民心的方向就是生产力发展的方向，姬昌以民食农业为天，顺应了历史发展方向。他正是因为得到百姓归附、诸侯归心才被商纣王囚禁的。农耕时代是三分人事、七分靠天的时代。自然界的种子破壳发芽艰难而曲折，经过漫长的冬季等待，需要严格的外部条件，温度、水分、土壤缺一不可。这相当于初爻阶段。在小苗时期，花力气除草、施肥、杀虫，苗就会茁壮成长，努力了就能看到成果。这相当于二爻阶段。到了分蘖孕育阶段，凶险的冰雹、暴雨、干旱都会使得前功尽弃。这相当于三爻阶段。做事在人成事在天，到了灌浆结实时期已经无法施加人力，只有抱着畏惧之心祈祷上天保佑的份了。不要有大风大雨使庄稼倒伏而歉收，这是多惧的四爻阶段。五爻收获成功果实。接下去是西北漫长严酷的冬季，要做好充分准备，否则就要吃苦受虐。这是物极必反的上爻阶段，等待开春后重复开始。

姬昌本人饱经患难，深知成事艰难，而且活了九十七岁，历尽沧桑，结合前代《连山》《归藏》的八卦研究成果，领悟到这个成事规律并不难。姬昌把成事规律镶嵌进六十四卦、三百八十四爻之中。为了保证姬氏江山的永久延续，姬昌父子将核心规律淡化表现为日常普通具有共性的事例，隐藏在层层叠叠的几百个大象小象之后，不再示人，遂成玄奥的天书，使得试图窥探其奥秘的人如坠云里雾里，莫名其妙。五百年后的孔子对《周易》"韦编三绝"加以整理，却也无法发现其中规律。但他发现了六十四卦各卦六爻的"二多誉、三多凶、四多惧、五多功"现象。此后，《周易》成了历代儒家顶尖高手、各路社会精英驰骋才华智慧的场所。

《周易》确实找到了一条做人做事的成功之道，各卦背后都隐藏着效法自然的做人做事成功的"传承密码"——穷则变，变则通。以父卦乾的自强不息精神，母卦坤的厚德载物胸怀，初爻慎之又慎，二爻奋力进取，三爻危机四伏，四爻如履薄冰，五爻功遂身退，上爻物极必反。如果能够正确理解卦意，按照卦的指示去做，就会趋吉避凶。这些隐藏着的做人做事成功的规律是《周易》为人们所称道的原因，也是它的生命力所在。这些思想精华已经像珍珠一样散落于诸子百家的著作之中，植根于世代中华子孙的观念之中，永久传承。

从《周易》的成功模型中，我们还可以看到，《周易》说的成功与我们常人说的成功是不一样的。我们常人的理解是一个人发财了或当了大官就是成功了。而《周易》将成功分为两部分：前一部分是初爻至五爻表述的部分，是我们常人说的成功，是某件事情的成功；后一部分说的是如何保有成功，避免物极必反走向反面。常人理解的成功，在《周易》里不是正常的形态，是过眼云烟，只是福祸相依、衰败的开始而已。人们不了解这点，所以其兴也勃，其衰也速，得而复失、身败名裂者络绎不绝。成功过程都是相似的，而走向失败则各有各的原因。《周易》追求的成功是一种"完胜"，它是一本完胜之书。

人类社会的进步、现代科技的发展是历代研究《周易》的大家所无法经历和想象的。20世纪60年代，现代人意识到人与自然环境的关系的重要性，科学家开始研究人与自然的协调、和谐发展。20世纪90年代，面对日益混乱和不可预测的自然、社会现状，现代科学从以前简单研究环境、生态的狭义的人与自然的关系，扩大到广义的人、社会、自然、宇宙之间的联系。既然不能用"有""无""肯定""否定"来回答问题，那就用模糊理论、混沌理论来做进一步的探索回答。事实证明，最成功的领导者不是那些提出并实施理性、完美方案的人，而是那些擅长实施第二套乃至其后无数套方案的人。因为小小的变化会演化成起来越大的变化，甚至产生巨大而长远的影响。这正是《周易》阐述的核心思想。在此，我们不得不佩服伏羲、神农氏、黄帝、尧、舜以及夏、商、周三个朝代的不知多少辈先人的探索、验证、总结积累而最终成书的《周易》。在那个蛮荒的年代，《周易》就能以唯物主义的思想方法研究人与自然的关系，称得上是极为高深的模糊理论、混沌理论，因此得以历久不衰。

四
《周易》为什么能一卦而中

　　世间万物是宇宙天地出现后不知道经过多少年孕育而产生的精灵，大自然在它的儿女身上留下浑身的遗传密码，因此才会有我们今天能够看到的蔚为壮观的万事万物。大自然的丛林有它的规则，我们称之为"丛林规则"，人类社会也有它的规则，《周易》就是揭示人类社会"丛林规则"的书。我们不妨把它看作"人类丛林"的规则。它是一代代先贤摸索总结打造出来的，效法自然、效法自然界丛林规则的书。《周易》为我们提供了在人类丛林规则下做人做事要达到成功的指南。

　　《周易》的卦辞、爻辞为什么总能打动人，给人以启发？20世纪40年代心理学家伯特伦·福勒（Bertram Forer）有一段著名的"性格共性描述"："你外表显得自律、自控能力强，但内心时常感到焦虑不安。有时你会深深怀疑自己的决定是否正确。你希望经历一些变化，对身边的重重限制感到不满。"有人拿这段话去找不知情的人做实验，让他们就这段话与自己的符合程度打分。用的是5分制标准：0分为完全不符合，5分为完全符合。实验结果平均得分是4.2分。如果换算成百分制，就是84分。这就是著名的"心理共鸣"现象，被称为"巴纳姆效应"。巴纳姆效应揭示了这样一种普遍存在的现象：每个人都会很容易相信一个笼统的、一般性的人格描述特别适合自己。即便这种描述十分空洞，他仍然认为那个描述反映了自己的人格面貌，哪怕自己根本不是那种人。我们深想一下，不但性格方面可以概括出共性，在健康、工作、缘分、家庭等许多事情上都可以概括出共性的词句。成功的做法都是相似的，《周易》就是这样一本描述人生成功共性、成事共性的书。

《周易》的六十四卦与社会上普遍存在的"求签问卦"完全不是一回事。社会上那些"算命先生"即使少数有用六十四卦"卦名"的，也不懂得《周易》书中六十四卦的词语解释（即卦辞、爻辞、象辞），运用的是历代江湖术士编的顺口溜。不少人说不愿去求签问卦，因为他们怕碰到下下签，会给一生罩下不好的暗示，遇事会下意识地想到那个下下签，成为心理负担。《周易》与算命不同，它用大过程套小过程说明事物变化的规律趋势，在六十四卦、三百八十四爻里编织进永不过时的做人做事的哲理。六十四卦没有无解的卦，除了自然规律不可抗拒，事皆可为，事在人为，趋吉避凶，这体现了先贤们的绝顶智慧。由于《周易》年代久远，文字高度概括，深奥难懂，六十四卦的灵魂，即共同成卦规律没有被揭示出来，难以串联成一个有机体，历代大师们各说各的，莫衷一是。

五

怎样学《周易》

初学《周易》的人要有一本与原著对照又忠于原著字句意思解释的白话文的书。这本书必须是逐字、逐句文白对照解释，字句的意思解释要符合古代汉语字义、语法，还要符合《周易》中对各种关系的设定，不能随意解释，也不能以作者观点发挥替代对字、句的解释。入门之书要读深读透，学者要逐字逐句对照反复阅读，然后再读各家之书，联系自己人生经历看看是否真有道理。

本人也曾经多年摸索《周易》之门而不得入，从与《周易》原著毫无文字关系的预测之书钻研开始，走了不少弯路才读到《周易》原著。我写这本《〈周易〉正解》就是为了满足初学者的入门需要。本书逐字逐句对原著加以现代汉语解释，注释的每个字力求符合古代汉语的字义，尊重前贤通理、有据的考证，不妄加猜度，在解释中尽量做到不随意发挥个人观点。在由康熙帝敕李光地主持编撰的《周易折中》研究成果的基础上，揭示出六十四卦的成卦共性规律。这是《周易》的灵魂，使得《周易》成为一个完整的有机体系。在这个完整的体系下，各卦、各爻都有了自己相应的位置，相互统一，发挥各自的功能，并努力让具有高中语文水平的人花点力气就能够读懂、会用。

　　百万字的《周易折中》是每个对《周易》有一定了解基础的学者都应该阅读的一本书。它的文字编排不符合我们现代人的阅读习惯，初学者无法卒读。该书罗列了从汉代司马迁到明代归有光等二百一十八位《周易》学者的学《易》心得、观点、解释。其中文学大家、名臣名将林立，如司马迁、刘向、扬雄、班固、郑玄、房玄龄、韩愈、范仲淹、欧阳修、王安石、程颢、程颐、司马光、苏轼、沈括、杨万里、朱熹、归有光等。他们是中华民族的脊梁、历代精英。我们应该以能与他们为伍而自豪。康熙在序言中说："朕自弱龄留心经义，五十余年未尝少辍，但知诸书大全之驳杂，奈非专经之纯熟。深知大学士李光地素学有本，易理精详，特命修《周易折中》。上律河洛之本末，下及众儒之考定，与通经之不可易者，折中而取之。……能以正学为事者，自有所见欤！"康熙下令编撰《周易折中》的目的是统一、端正后人对《周易》的学习，树立起清代社会主流精英综合前人学《易》成果、触及《周易》真谛的旗帜。从书中可以看出，康熙是推崇程颐的，每卦每爻都列有程颐的注释。《周易折中》的长处是对每卦每爻的解释，只列出历代学习研究《周易》的名家的解释和观点，最后用短短几句话点出李光地个人赞成哪家的说法或自己的观点，给学者留下广阔的思考、品味、鉴别、选择空间。

　　《周易折中》是继孔子《周易》之后的又一座高峰，忠于原著，集大成而正视听。康熙帝从帝王特有的角度，将《周易》的主旨用"折中"两个字表示出来，对于任何人的做人处世都有参考意义。特别需要指出的是，这里用"折中"而不用儒家的思想核心"中庸"的提法，值得我们仔细咀嚼品味。有了《周易折中》的千年汇总，结合当代科技发展和社会进步成果，我们才得以对

《周易》天人合一的思想的认识升华到一个新的境界，将《周易》上升到当代的可读、可实践的版本，使《周易》不再是天书。

学习《周易》不能拘泥于历代学者的考证、解释，特别是不要被一些犬儒引导去钻牛角尖，追寻被历史淘汰的传说、记载，比如"河图""洛书"之类。被历史淘汰说明它没有生命力，不符合后世社会发展需要。死掉的就让它永远死去，应该由考古学家去研究，而不是我们。要用历史唯物主义的发展观点、辩证唯物主义的方法论，存其精华，去其糟粕，吸取前人智慧，为我所用，为当代的中华民族振兴大业所用。

六

怎样用《周易》

《周易》的要义是仿效自然规律变化而更好地生存。天地万物是确定的，《周易》唯物是从；天地万物又是变化的，《周易》唯变是适。唯物是从，规律客观存在，所以《周易》很确定，容易把握；唯变是适，以变应变，所以《周易》很灵活，不会僵化。《系辞传》说："《易》之为书也，不可远。为道也，屡迁。变动不居，周流六虚。上下无常，刚柔相易。不可为典要，唯变所适。"这里说的是学习《周易》不能海阔天空、不着边际。《周易》述说的方法道理是经常变迁的，上下前后左右变化流动着。上上下下、刚柔变化没有常态。不可以把《周易》作为一成不变的宝典，要追随变化而行动。《周易》的思想唯物而辩证，是做人做事的学问。

应用《周易》要树立几个观点，这是用好《周易》的前提。

一、"大《易》不言有无。言有无，诸子之陋也"。真正学习研究《周易》不能像猜小物件在左手还是在右手那样，用《周易》断定有无是诸子的陋习。先贤创立《周易》的本意是为了在不可抗拒的大自然面前，力所能及地改变自己的处境，过上更好的日子，而不是无所作为地听天由命。因此，认识自然规律，顺应自然规律，利用自然规律，是他们的追求。

学《周易》自古就有一条正道，即认为《周易》述说的是一条平易精实的"修齐治平"之道，是指导人们做人做事的。与先贤为伍，学习《周易》，我愿意从周，与周文王姬昌父子以及孔子直接对话，进而结合今天的人类智慧结晶、人类社会进步和科技发展成果，得出适合当代的结论。按照先贤建立这个理论模型的初衷和初始实践去做，按照孔子说的"为君子谋""五十以学《易》，可以无大过"这个路子去做，决疑难，定犹豫，把人生碰到的疑难事情处理好。按照这条道路，只要精研《周易》原著即可。因时因事，咀嚼玩味，汲取营养，吐其糟粕，提高自己。

二、"据于中，依于正"。准确解卦、付诸行动需要有正确的世界观和人生观引导。世界观是针对外界的，人生观是针对自己的。世界观应该是历史唯物主义和辩证唯物主义的；人生观应该是在实现人类社会、国家民族的兴旺发达中实现个人的人生价值，而不是个人主义、自私自利的。这是判别应用《周易》的思维和行动的是非基准。如果世界观、人生观不正确，学习应用《周易》对凶险起的是杠杆放大作用。因此，学习《周易》的目的，主要是指导自己的人生不犯大的错误。做错事情与人生相始终，如影随形。但一个人不能犯大的错误，不能有颠覆性的差错。否则，一次即是永久，再回头已是百年。学习《周易》是为了领悟它的哲学思想，对立统一，相互转化，去具体分析碰到的具体事物，把握问题的变化方向，驾驭事情的发展，做好工作，造福社会。不能把学用《周易》想歪了、用歪了，去做"假丑恶"的事情。"种瓜得瓜，种豆得豆"，歪想歪用得歪果，这是必然的。要不断提高自己的个人品德修养，在提高解决问题能力的同时提高自己的思想境界，达到人生的更高层次。要学到老，做到老。

在《周易》的体系里，"中"是比"正"更高一个层次的概念，"中"更重要。在原著的卦爻辞里你可以看到，只要居中，爻位不正也没关系。中，既不过头，也无不及，中道而行。如果没有中道而行，就无所谓正。《周易》有"贞厉"之说，就是指"身正而事危，或事正而身危"。《周易》不看好绝对的正、绝对的阳、绝对的刚，因为这是物极必反、走向反面的起点，中则没有这个问题。程颐说："所为合理，则事正而身安。圣人能事，尽于此矣。"从这里看，"中"与"中道"就是合理。为人处世只有得中守正，才能够倒而复起，败而复胜。"据于中，依于正"，就自然解决了人情世故、道德约束、法律规范这三个层面的边界问题。

三、不能碰到任何事情都用《周易》问卦。我们碰到的问题应该分层次去看。社会发展到今天，人类的思想观念已经很成熟了，凡事都有是非标准，也有约定俗成的做法。道德要求、法律制度也已经非常成熟，涵盖了一切领域。因此我们碰到的问题，绝大多数是无须问卦的。

四、充分理解"时"的绝对重要性。时，即时机、时务、形势，现实的即时情况。程颐说："人能识时义之轻重，则可以学《易》也。"孟子说："孔子，圣之时者也。"说孔子是圣人里头的"时者"。这句话高度概括了孔子思想的特点。"时者"就是能充分理解时机极端重要性的人，能够精准捕捉时机、把握机会的人，是见机行事、不会失败的人。

在《周易》体系里，"时"是与书名"易"同一级别的字。意义大于其他所有字，是解卦用卦中最重要的字。易者，变也。要晓得变的即时情况，才能加以行动。"时"，就是指这个即时情况，"时"可以否定其他所有卦意。这是先贤的聪明之处，他们晓得即使设定了可以涵盖一切的"象"，还是不可能预测后人所面对的事物变化发展情况。如果后人所求问的疑难事情，都给出"1＋1＝2"那样明确的答复，那么《周易》应用起来肯定会到处碰壁，就不会有生命力，就流传不下去，也不符合先人创立《周易》所依照的辩证唯物主义原则。没有"时"，六十四卦就失去了针对的对象，就无的放矢。因此，先贤只是提供思想方法和成功的共性规律，而最终定夺则由"时"来决定，就是由你自己根据即时情况来决定。学习《周易》，千万不能背离这条原则。知道"时"的重要性，就明白了《周易》需要学者自己学习、自己运用，因为审时度势、精准拿捏，只有当事人自己把握得最好。时，就是遵循规律，顺应自然。当行则行，当止则止，行止动静，一切依时而定。时的问题其实就是人如何处理主观与客观的关系问题。时变了，人的认识与行为也要变。人要审时度势，使主观符合客观。客观变了，主观必须相应而变，根据客观实际选择最佳对策，取得成功。"时"，应时而动，就是人们通常说的"不按规则出牌"。

时，从大的方面说是社会形势潮流、周围环境的变化状况，往小处说是矛盾双方的细微之处，在做什么，处于什么状态。一切以时间地点为转移，结合自己的个人实际。各人的情况不一样，得出的用于指导行动的方法也不一样，没有现成答案。

七

如何理解《周易》六十四卦

如何理解《周易》六十四卦？具体的思想顺序如下：

第一，卦名，"著天下之时也"。著，明白显示。卦名的字是最重要的字，是一卦意义的精华所在，是学习理解一卦的核心。《系辞传》里说："其称名也小，其取类也大。其旨远，其辞文。其言曲而中，其事肆而隐。"说的是《周易》为各卦取的名字很小、很具体，但都代表一类大的事物或一个时代、时期或时间段。它的旨意深远，它的辞语有文采，与卦意匹配。它的话不直说但恰中事理，它讲的事情肆力铺陈而意蕴含蓄。卦名高度概括了你所问之事，怎么看重它都不为过。卦名就像现代很多国家流行的年度汉字、年度词语或文稿的关键词。它是对某一段时期的整个国家状况或文稿内容的高度概括、浓缩。卦表示的时间段依照你所求问的事情而变，可以是一生、一个阶段、一件事情的自始至终。它可以是你的"人生汉字"，即对你一生的概括表述；也可以是某个时期的"阶段汉字"；也可以是某件事情的"事件汉字"。总之，是对这个时间段的状况提纲挈领的极为精要的表达。而卦中的六爻，是反映这个时间段里矛盾正反因素、各种关系的博弈情况以及随时可能发生的变化。这些变化是在一定条件下转换的，需要当事人自己做出符合客观实际的分析，然后采取正确的行动。对于占得的卦名，平时要浸淫其中，咀嚼品味，以求深解，得到启发用以提高自己的修养。"居则观其象而玩其辞，动则观其变而玩其占。"即领会其中的吉凶消长之理、进退存亡之道、生灭转化循环，做到趋利避害。

第二，"观彖（tuàn），思过半矣"。彖，断的意思。断，即判断，论断。它是总论一卦主旨的文字。理解了彖的意思，你就所得过半了。孔子解释卦辞的文字叫《彖传》，亦称《彖》，是裁决、论断一卦的基本思想。《彖》总是先说天道规律，后指示人事，如何思考应对，由天道而及人事。

第三，观爻思变。从下往上逐条看爻，理解爻辞和该爻附带的象辞。从爻辞和象辞的说明文字上理解该爻词语表达的意思和象征意义，把握事物的发展变化现状及趋向。结合自己求问的事情，激发灵感和直觉，看看有没有令自己怦然心动的字、词。理解爻意，要从卦到爻逐层理解，然后从一般回到重点，加以归纳，最后抛开具体的爻辞象辞。要做到将六爻融为一体，把握问题和事情的几个发展变化节点，从而指导自己的行动。

第四，要做到"进得去，出得来"。"进得去"就是深入理解卦意，并与自己的经历、已有知识对比，看它说的是否真有道理，有什么自己所不知道的真知灼见，对所学的知识进行取舍。

"出得来"就是在面对具体矛盾问题时，抛开卦中文字束缚，不要瞻前顾后，该怎么处理就怎么处理。李光地说，"观《易》者，知时义之为要"，"《易》道只是时，时则有此二义，在学者细察之"。说读《周易》的人，知道事情即时的形势最为关键；《周易》的规律只是即时的形势，在于学者仔细观察、思考、把握。最后要离开卦爻辞，分析形势，捕捉时机，趋时从权，变动随时，只解决面临的具体问题，不论其他，不受卦爻辞的束缚。真正做到"卦者，时也。爻者，适时之变也"。程颐说："《易》随时取义，变动无常。"说学习《周易》要随时、随机采纳它的意义，变化万千，没有常态。说到底，卦只能让你统一心志，坚定信心，启发思路。做事还得靠你自己，还得靠个人的经历、见识、能力、水平。"进得去，出得来"不但是学习《周易》解卦的思想方法，也是学习一切科学文化知识的方法。"进不去"等于你不晓得书上说的是什么，读了等于没读；"出不来"等于你学了不晓得运用，学了也是白学。

"进得去，出得来"才是解卦的关键，这是一种境界，要作为一生追求的学问。

第五，对阴、阳、阴爻、阳爻这些字词要有正确的理解。阴、阴爻不一定就是不好，就是坏的人和事，就是小人；阳、阳爻不一定就是好，就是好的人和事。在后面阅读六十四卦时，就有阴爻代表君子、阳爻指为小人的例子。前人说，阴害于正道则为不好，为小人；而与阳相辅相成、孕育事物则为君子。阳也是一样，一般情况下，阳代表正道；但阳刚太过，物极必反。阳刚伤人过多，不能建立私交；阳刚喜动而好决断，亦多产生后悔之事。好比人们对于阴雨连绵和天天红日高照造成的涝旱灾害，是同等痛恨的。又如利益的"利"，如果是巧取豪夺的不义之财，或为富不仁，当然不好；但如果是劳动所得，来路正当，用于义举，就为社会所大力弘扬。"一阴一阳之谓道"，对阴阳的理解，应该基于这句话。阴阳只是相辅相成、缺一不可的两个方面，是事物变化，此消彼长、此长彼消的形态，阴阳相合、刚柔相济才能产生万事万物。

第六，学习运用《周易》需要背景知识支持。背景知识中最重要的是国内外历代执政史知识，中国古籍中主要是概括性强的《史记》《资治通鉴》《宋史》《元史》《明史》《续资治通鉴》《清史稿》。这些知识对我们融会贯通地理解《周易》的精神实质以及它的唯物辩证的哲学思想极有帮助。

阅读改变平庸。为什么阅读会改变平庸？因为人往往为既往的经历所束缚，经历再多，也还是容易局限在自己个人的知识、认识里，不然怎么会有"当局者迷"的成语呢？但经常阅读就不一样了。阅读是与智者、伟人对话、交流，借用他们的头脑，与自己的头脑擦出智慧的火花。更何况阅读集历代先贤智慧于一体的《周易》呢？

第七，丰富的阅历、历练是运用《周易》解决疑难问题的基础。孔子为什么说"五十以学《易》，可以无大过"，而不说四十岁、三十岁？因为五十岁之前人生经历还不足，难以理解《周易》说的道理。就像飞行员晋级时有个在天空飞行的小时数要求一样。经历足够的时间，才能碰到足够多的情况、问题。自然界是丰富多彩的，社会是丰富多彩的，人生也应该丰富多彩，只有这样，人才能应对社会的挑战。人不能挑挑拣拣面对命运的安排，江河不捐细流，所以成其大。做好碰到的每一件事，对小事情也要悟出通用的道理来，这才是正确的人生态度。不然即使人家告诉你解决问题的正确方法，你也不会听从。事非经过不知难，因为你没有必要的实践体验，就听不懂别人建议的意思，更不用说自己找出解决问题的办法了。这就像对牛弹琴，不懂就毫无办法。当然，你碰过钉子，付出了"学费"，你也会懂的。但没有人欢喜走弯路、摔跟头。而且，六十四卦提供的解释往往是共性的话，有广阔的想象空间，正也好说，反也好说，你选择所得的结果却会截然相反。有了丰富的实践经验，才能辨别取舍，这样学用《周易》才能登堂入室。

古人说《易》为衰世之书。为此，我想了好多，为什么说衰世而不说乱世，衰世不就是乱世吗！后来，我不得不佩服古人用词的精准和深思熟虑。按《周易》的思想，君子在乱世是不可以行动的，动则有险。乱世行动还会有乱世枭雄、浑水摸鱼的嫌疑，君子是不为的。而衰世则不一样，是君子可以有所作为的时候，无人作为则君子起而作为。

八
《周易》的专用字解释

《周易》里的字，有的现在已经不用了，有的意思已经改变，有的与现代大同小异。学习《周易》，这些字又绕不过去。如果不晓得这些字的意义，就犹如读天书一般，无法弄懂。

象。象征。取万事万物中的某一个作为象征，用它补充阐述卦辞爻辞，并让人们根据万事万物的特性、形状、作用等产生截然不同的联想，以得到启发。求卦的人各种各样，世间的事物千差万别，难以一一叙述。因此先贤"立象以尽意"，让人们根据自己的情况去想象，领悟其中道理。这就需要人生的阅历积累，经历天下许许多多的事变，才能领会卦辞、爻辞、卦象、爻象所表示的无穷无尽的事理。

象有大象和小象之分。一卦的象又叫大象，是针对全卦而发的议论文字。专取该卦的象征立义，只讲人事，即人学习了该怎么去做。每一爻后面的爻象叫小象，是针对该爻说的文字，进一步说明爻辞未尽之意。

按照象的内容分，有三种。一是本笔画自己的象，一象阳，--象阴。二是取于实物的象，即用天、地、风、雷、水、火等象征乾、坤、巽、震、坎、离等实际概念。三是卦辞、爻辞中说到的事物，是作《易》的人取的象，比喻而已。如白马翰如、载鬼一车等，不一定真有其事，"象以明理"，说明作《易》的人想说的道理。象不是绝对的，一切以上下关系、要说明的道理以及时机为转移。

爻象。象征的事物又是千差万别的，各爻象之间不但互相有联系，而且有时还要与卦象参照理解，更显得高深莫测。社会人世的道理难以尽说，也没有形状可言，所以用"象"来显示意义。因此，我们对于《周易》里所涉及的人、物、事件、数字等等，不要白花力气去穷尽文意，而要从哲学层面上去领会道理。比如"三岁不孕""折其右肱"等等。

《周易》的玄奥、诡秘之处在于"象"，即使同一个人，在不同时期，问同一件事，得到同一个卦象或爻象，由于时过境迁，也会得到不同的启发。举个简单的例子，巽卦象"风"。风，从方向上分有八面来风，从风力大小说有无风、微风、小风、大风、台风、飓风、龙卷风，还有民间说的鬼风（墙旮旯里的旋转的小风）、弄堂风、文人作品里的春夏天的胖风和秋冬天的瘦风、彻骨寒风等等。加上各种风的起因以及与风相随相伴的雷电、雨水的关系，再考虑到各种风造成的破坏、带给人类的灾难、各人的感受，"风"象征的意义就是无穷无尽的了。而且，同样的风，又会因人的心情不同而不同。因此，对"象"的理解，前人已经指出"穷象之隐微，尽数之毫忽，乃寻流逐末，术家之所尚，非儒者之所务"。钻到牛角尖里研究"象"的隐蔽微小之处，寻找最远的源头，追逐最末的细枝末节，这是江湖术士所崇尚喜欢的，不是研究《周易》的儒家学者所应该做的。六十四卦正文后面的《说卦传》里，"象"被具体化，实际上挂一漏万，根本无法穷尽世间事物，已经有学者指出从整体上看这不是孔子的原著，是后人伪造"挂"上去的，用不着去管它。

本书在后面解释六十四卦时，说到大象则用"卦象"二字，说到爻象（小象）时单用"象"字，以示区别。

爻。分阴爻和阳爻两种。阴爻，符号为--，两个短横；阳爻，符号为—，一个长横。两者分别象征阴和阳。有人说这是二进位制的鼻祖，是现代计算机运算的基础。不管怎么说，古人发明阴爻和阳爻时是不知道后来的计算机的。他们只是想表示对立而又统一着的、随时相互转化着的两个方面，把世界简单地归为两个大类，比如昼与夜、天与地、生与死、男与女等等。国外发明计算机的人晓得《周易》并从中得到启发，也不可能。因为连中国的绝大多数人都不晓得阴爻阳爻，更不要说外国的专业技术人员了。爻处在整个卦的上下位置不同，叫法也不同。处于最底下的叫初爻，而不叫一爻；然后依次由下往上叫作二爻、三爻、四爻、五爻，处于最上面的叫上爻，不叫六爻。"始终见与初、上，而曲折备于中爻"，初爻、上爻象征事物的开始和终结，而中间的四爻（二爻、三爻、四爻、五爻）象征事物发展中的曲折、复杂过程，象征阴阳之间的互动变化。"爻者，适时之变也。"爻是适应时间而变化的。

主爻，是体现所在卦的主旨的爻。在理解卦爻辞的意思时有参考作用。后面有专文。

位。各爻所处的位置叫爻位，就像学生的座位一样，与爻连在一起使用。初爻所处的位置叫初位，类推为二位、三位、四位、五位、上位。爻有阴阳，位也有阴阳。一、三、五为阳位；二、四、六为阴位。阳爻在一、三、五位，阴爻在二、四、六位为当位，或叫得位，得位即得正。如果阴爻跑到一、三、五位置上去了或阳爻跑到二、四、六位置上去了，就是不当位，或叫不得位、不得正。爻贵在得位，当位（得位）为好，不当位（不得位）则不好。又，作《易》的人设定五位为君位，其他为臣民之位，象征着人在社会里的上下左右各种人际关系。所有这些也不是绝对的，一切以要说明的事理以及时间为转移。

在实际运用中，要指明爻位，又要说明那个爻位上的爻是阳爻还是阴爻，有点绕口。于是前人用数字"九"表示阳爻，"六"表示阴爻，并且与爻位的顺序号一起表达。就是初九、九二、九三、九四、九五、上九，这样来表示处在卦的初位、二位、三位、四位、五位、上位上的爻是阳爻；而初六、六二、六三、六

四、六五、上六表示处在卦的初位、二位、三位、四位、五位、上位上的爻是阴爻。

前人已经总结出六个爻位的性质。初位象征开始、幼小，一般没有什么问题；二位象征成长，比较好；三位处于下卦向上卦的转变之际，不是平易安和之所，所以有"三多凶"之说；四位在君位的下面，伴君如伴虎，是个提心吊胆的位置，所以有"四多惧"之说；五位是君位，收获、得好处之位；上位表示事物已经发展到顶，是个穷极之地，没有出路。但是如果某卦设定上爻是"贤人"所处的位置，或者卦名说的事情与穷极无关，则不存在穷极之说。

爻与爻之间有**应、比、乘、承**的关系，这些字的意思至今还在使用，只是在《周易》里限制得更严。说明如下：

应。指中间隔着两位的爻与爻之间的呼应关系，即初爻与四爻、二爻与五爻，三爻与上爻之间的关系。如果两者是一阴一阳，则阴阳相吸，就是应的关系，是隔空喊话，你呼我应，我呼你应，两者之间是同志关系，相互帮助、支持。应的关系是双向的。如果两个爻都是阴爻或者都是阳爻，同性相斥，则不应，又称敌应。

比。即比邻，指上下相邻的两爻之间的关系，是双向的关系。如果相邻两爻一阴一阳，则构成比的关系，互相之间相求相得，团结帮助。如果相邻两爻都是阴爻或者都是阳爻，那它们之间则没有比的关系。比的关系里，四爻与五爻之间的关系最重要，是大臣与君王的关系。如果四爻是阴爻则更好一些，因为有柔顺之美；是阳爻则有同性相斥、僭越之嫌。五爻与上爻的关系也是一个特殊的关系。五爻为君，上爻在卦义特殊需要时，是贤人所居之地。卦辞里出现的"尚贤""养贤"说的就是这样一种比的关系。

乘。上爻对下爻的关系，以上乘下，是上下关系，上爻处于主导地位。如果上爻是阴爻，下爻是阳爻，则叫作"乘刚"，是不好的，好比骑在烈性马上，会被甩下来。

承。下爻对上爻的关系，以下承接上，顺从之象，下爻处于主动地位，只能是顺接承受。因此逆来顺受为好。"近而承者，则贵乎恭顺小心，故刚不如柔之善。……柔之为道，不利远者，其要无咎，其用柔中矣。"指出处在下面承接的人，贵在恭顺小心，所以刚不如柔好。用柔的态度，不利于离得远的人（离得远人家没感觉），用柔的方法最重要的是没有坏处，它的用法是柔而居中，不偏向两端的任何一端。

阴卦、阳卦、父母子女卦以及它们对应的方位。《周易》为了指事说理的需要，又设定了早期的八个卦的阴阳和相互关系以及它们对应的方位。☰，乾为父，方位代表西北；☷，坤为母，方位代表西南；☳，震为长男（大儿子），方位代表正东；☵，坎为中男（二儿子），方位代表正北；☶，艮为少男（小儿子），方位代表东北；☴，巽为长女（大女儿），方位代表东南；☲，离为中女（二女儿），方位代表正南；☱，兑为少女（小女儿），方位代表正西。乾卦、震卦、坎卦、艮卦为阳卦；坤卦、巽卦、离卦、兑卦为阴卦。这些在理解卦辞、爻辞时会碰到，需要事先了解，否则有些意思难以理解。卦爻之间的各种关系在一卦中不是全部都用，只是按说理需要拉出一两个使用。因此给卦意的各种解释、任意发挥提供了广阔的空间。

元、亨、利、贞，这四个字表示"好"的等级状况。

元。"元"级的好，是最高层次的好，尽善尽美的好。

亨。属于次一级的好，通畅无阻，心想事成。

利。再低一层次的好，有利于做某件事情，或者做某件事情是有利的。

贞。最低层次的好。贞，有坚固、固守之意。又与正相通，坚贞不屈。这个层次的好，显得有些艰难。

吉、吝、悔、厉、咎、凶，这几个字表示凶险程度，凶险程度一个比一个重。

吉。好，没有任何风险，放心放手去做会有好处利益。

吝。最轻程度的风险警示用字。这个字现在组的词为"吝啬"，意思是为人小气、抠门。"吝"字在《周易》里出现得很多，意义很难解释得恰如其分。在《周易折中》不同的卦里有"羞吝""穷吝"的解释；有的书解释成"悔吝"；《词源》里解释为"耻辱"；《辞海》里又有"贪鄙"的解释。根据《周易》里的不同语言环境，"吝"字还有堪忧、不顺、不足、不好等负面含义。文言文的很多字难以言传，只能意会，这正是它的美妙之处。综合起来看，认为"吝"字的意思与"小气"在同一个负面程度上，应该是准确的。

悔。错误已经成为事实，造成了损失、伤害而悔恨。细分为无悔、悔亡和悔三种，无悔是本来就没有悔，悔亡是有悔而后来消失了。

厉。对处于危险环境的警告用字，还未成为事实，有可能产生严重后果。

咎。有一般的灾害或罪错，已经出现了危害的后果。

凶。严重的灾难。

《周易》的思想充满了"福兮祸所伏，祸兮福所倚"的辩证思维。吉凶是会相互转化的。"亨则凶，凶则应之以贞。""悔则吉，吝则凶。""悔者吉之先，而吝者凶之本。"处理得好，坏事变好事；处理不好，搞砸了，坏事变得更坏。

中。特指卦里从下往上数的第二爻位和第五爻位，分别是下卦的中位和上卦的中位。"中"是《周易》里非常重要的一个字。程颐说："得中者，不失刚柔之宜也。"中，指处事恰到好处，不过分也没有不足。

德。刚柔中正称为"德"，刚柔既中又正称为有德，不中不正称为无德。德只有六二和九五才会有。因为有德首先要居中，只有它们处于下卦和上卦的中位，才能叫居中。二位为阴位，必须阴爻处于此位才得正；五位为阳位，必须阳爻处于此位才得正。刚柔各有好与不好的区别，时机上应当用刚，则以刚为好，否则为不好；时机上应当用柔，则以柔为好，否则为不好。比如艰险之际，则是刚好；而待人接物则是柔好。但中与正不存在好与不好的问题，它们都是好的。正与中比较起来，正不如中。因为正未必处于中，中必定为正，而且《周易》认为绝对的"正"不好。履正奉公，言行合于中道而不悖，才称为中。这是古人造"德"字的本义：刚要刚得中正，柔要柔得中正，才能称为有德。这有助于我们今天对"德"字的理解，比如说有才无德、缺德等等。

九
六十四卦的主爻

主爻，又称卦主。有的卦因为某一爻或两爻的因素才叫那个卦名；有的卦的某一爻是先贤表达该卦的主要思想所在，那么这个爻就叫主爻。一卦的主爻可以是一个或两个。六十四卦每个卦的主爻基本上已经被前人确定好，主爻在解卦时，特别是理解思考爻与爻的关系时（即人或事的关系）有用，记录如下：

1. 乾卦，九五为主爻。乾，代表天。乾者君道，而五则君之位。九五刚健中正，故为主爻。

2. 坤卦，六二为主爻。坤，代表地。坤者臣道，而二则臣之位。六二柔顺中正，故为主爻。

以上乾、坤两卦为六十四卦的父母之卦。前人说这两卦"只是教人做人"。指的是乾卦教人的"自强不息"和坤卦教人的"厚德载物"。又，两人议论《周易》，一人感叹《易》道的忧患和艰难，另一人说"终日乾乾可也"。意思是每天自强不息就行了。

3. 屯卦，初九、九五共为主爻。屯，表示天地生出万物之始，一片蠢蠢而动的混沌景象。初九代表事物初生，混沌开始，九五处君位治理混沌状态，故都为主爻。

4. 蒙卦，九二、六五共为主爻。蒙，转接上卦。万物出生后的幼稚蒙昧阶段。此卦教人如何处理蒙昧阶段的问题。九二有刚中之德，而六五与它呼应治蒙，故都为主爻。

5. 需卦，九五为主爻。说的是万物出生后等待养育的问题。九五处君位，刚健中正，故为主爻。

6. 讼卦，九五为主爻。说的是人世间的纷争处理问题。九五处君位，为听讼、断讼之人，故为主爻。

7. 师卦，九二、六五共为主爻。说的是如何带领一支队伍的问题。九二有刚中之德，御师并与六五呼应，故都为主爻。

8. 比卦，九五为主爻。比，比邻。说的是处理人与人之间的关系。全卦只有九五是阳爻，又居君位，众阴比附，故为主爻。

9. 小畜卦，六四、九五共为主爻。畜，聚的意思。"比必有所畜"，转接上卦的意思，人际关系处理得好，必然有人脉的积累。因为全卦只有六四一个阴爻，众阳爻为其所吸引。九五处君位，与六四阴阳相比，故都为主爻。

10. 履卦，六三、九五共为主爻。履，脚踩、践行的意思。说的是处理复杂、危险人际关系的问题。又，《说文》："礼，履也。"有行动要合乎"礼"的意思。六三以一柔履众刚之间，多危多惧，卦名所在，而九五处于君位，故都为主爻。

11. 泰卦，九二、六五共为主爻。泰，通畅的意思。泰卦是说在平顺的情况下如何处理人际关系问题。因为卦辞指出九二与六五"上下交而其志同"，故都为主爻。

12. 否卦，六二、九五共为主爻。否，堵塞、不通的意思。否卦是说如何在不通顺的情况下处理人际关系问题。因为卦辞中指出，六二与九五"上下不交"，成为否卦，故都为主爻。

泰卦上卦三个阴爻与下卦三个阳爻一一呼应，是成语"三阳开泰"的出处。同样，否卦上卦三个阳爻与下卦三个阴爻也是一一呼应，却取义否塞不通。这值得我们仔细品味《周易》因事取义的灵活性，在理解六十四卦时不能拘泥于各种设定的关系，关系要服从于说事说理。

因为泰卦地在上（坤在上），天在下（乾在下），而否卦相反。类似我们今天说的"先小人后君子"还是"先君子后小人"。先小人后君子，丑话说在前，相互容易长久相处；而先君子后小人则容易出现纷争。

13. 同人卦，六二为主爻。此卦说如何与人相和同、求同存异的问题。因为全卦只有六二一个阴爻，众阳所奉，故为主爻。

14. 大有卦，六五为主爻。大有，大大地拥有。转接上卦，"与人同者物必归焉"。六五是唯一阴爻，虚中（阴爻中间断开，称中虚或虚中）居尊位，众阳爻被吸引而拥戴，故为主爻。

15. 谦卦，九三为主爻。谦，谦虚。转接大有卦告诫人们"有大者不可以盈"之意。九三是唯一阳爻，得位而居下体（下卦），众阴爻为之吸引，故为主爻。

16. 豫卦，九四为主爻。豫，安逸、享受的意思。此卦说如何处"豫"的问题。富有了，可以享受了，但弄不好好事变坏事。九四为唯一阳爻，众阴爻为之吸引，故为主爻。

17. 随卦，初九、九五共为主爻。随的意思是不自作主张，跟从别人。初九、九五当位而又都居于阴爻之下，有随的意思，故都为主爻。

18. 蛊卦，六五为主爻。蛊，生出坏事来。安乐久了就会像木器久了会生出虫来一样，出事情。爻辞至五爻才成功干预蛊事，控制局面，故六五为主爻。

19.临卦，初九、九二为主爻。临，来临、面临的意思。转接上卦，去看、去面对、去处理，这样坏的局面肯定慢慢向好的方向发展。因为卦辞说"刚浸而长"。浸，渐渐的意思。说初九、九二阳刚慢慢成长向上，故两者都为主爻。

20.观卦，九五、上九共为主爻。转接上卦，阳刚向上成长，到了九五、上九，就要做出样子让众阴爻观看。观，取义为上面做出样子给下面看，让下面观摩仿效。因为卦辞说"大观在上"，而上面是九五、上九，故两者都为主爻。

21.噬嗑卦，六五为主爻。转接上卦，下面看了上面的样子而不肯仿效，中间有强梗阻隔，就要刑罚处理，咬碎它得以上下合拢。噬，咬啮；嗑，口的上下合拢。卦辞说"柔得中而上行"，故六五为主爻。

22.贲卦，六二、上九共为主爻。贲，装饰，文饰。转接上卦，合，不能临时凑合，还要有与之相匹配的礼仪制度来体现，文、质统一，达到实质性的合。卦辞说"柔来而文刚"，"分刚上而文柔"。六二、上九相互配合，相辅相成，故都为主爻。

23.剥卦，上九为主爻。剥，剥削、剥落的意思。转接上卦，文质彬彬，繁荣昌盛，接下去就会剥落，转向衰落、凋谢。此卦只有上九一个阳爻，众阴被吸引而攀附，故上九为主爻。

24.复卦，初九为主爻。复，恢复、返本的意思。转接上卦，众阴剥阳，最终阴极而反阳。因为只有初九一个阳爻，众阴被吸引，故初九为主爻。

25.无妄卦，初九、九五共为主爻。妄，虚妄。无妄，没有虚妄。上卦阳已经复长，阴为虚而阳为实，阳实实在在长了，并非虚妄。卦辞有"刚自外来而为主于内"（内，指内卦，即下卦），指初九；又说"刚中而应"，刚中，指九五。故初九、九五都为主爻。

26.大畜卦，六五、上九共为主爻。畜，聚蓄。转接上卦，实实在在地增长，就会有大的积蓄。因为卦辞有"刚上而尚贤"。六五处于君位，上，指在上；尚贤，尊重贤人，贤人指上九。故六五、上九都为主爻。

27.颐卦，六五、上九共为主爻。颐，颐养、调养的意思。转接上卦，物产积蓄多了，则以养民，繁衍生息。因为卦辞说"养贤以及万民"。六五处于君位，贤，指上九；万民，指六五以下的各爻。故六五、上九都为主爻。

28.大过卦，九二、九四为主爻。过，过分、过错的意思，虽然两者之间有区别，但都是不好的，因事把握就是了。转接上卦，养成则思动，动则有过。九二，刚中而不过；九四，栋而不桡者。栋，栋梁；桡，弯曲。故九二、九四都为主爻。

29.坎卦，九二、九五共为主爻。坎，困境、险境的意思。转接上卦，过头了必然陷入困境。九二刚中处于坎境，九五刚中而不满溢，为处坎之道，故都为主爻。

30.离卦，六二为主爻。离即丽，附丽的意思。转接上卦，陷于坎险，必须附着、凭借他物、他人以自救。下卦离象征火，六二以阴居阴，得中、得正而有德，象征火燃烧向上出坎险，故为主爻。

31.咸卦，九四、九五共为主爻。咸，感的原字，交相感应之意。感应则有情，有缘分。转接上卦，要附于别人，就要使别人有感应而生情。此卦以人的心脏去感应身体各部位说理，九四为心位，九五为背后。人的前心和后背是永远不可能相见的。意指如果能够感应永远不能见面的人们，那才是最好的感应。故九四和九五都为主爻。

32. 恒卦，九二为主爻。恒，长久的意思。转接上卦，感情以长久为好，居中不偏不倚才能长久。九二、六五居中，但柔中不如刚中，故九二为主爻。

33. 遁卦，九五为主爻。遁，退、逃避的意思。转接上卦，久必生变，变则需要退避自保。卦辞说"刚当位而应"，九五是处理退避关系最好的一爻，故为主爻。

34. 大壮卦，九四为主爻。壮，强盛。转接上卦，遁逃只是一时之计，强盛才是根本大计。阳壮大了，才是壮。九四处在四阳爻的最前沿，故为主爻。

35. 晋卦，六五为主爻。晋，进的意思，象征日出于地。转接上卦，强盛了，还要自己发挥昭明德行。卦辞"柔进而上行"，指六五处在君位，故六五为主爻。

36. 明夷卦，六二、六五共为主爻。夷，伤害的意思。明夷，光明被伤害熄灭，一片晦暗。转接上卦，清明过后总有黑暗的时候。六二、六五处中而柔顺，为处晦暗之道，故都为主爻。

37. 家人卦，六二、九五共为主爻。家人，一家之人。转接上卦，夷者，伤也。外面暗无天日，受伤必然返到家里。家的成立，男女必须有分工，日子才能过得最好。卦辞"女正位乎内，男正位乎外"。故六二、九五都为主爻。

38. 睽卦，九二、六五共为主爻。睽，乖离、离散的意思。转接上卦，家道有顺与不顺的时候，此卦说家道穷落之时。卦辞"柔进而上行，得中而应乎刚"。故九二、六五都为主爻。

39. 蹇卦，九五为主爻。蹇，险阻、有难的意思。转接上卦，乖离必然招致灾难。卦辞有"利见大人"，大人者，有位有德之人。故九五为主爻。

40. 解卦，九二、六五共为主爻。解，解开、解脱的意思。转接上卦，灾难终有解决、解脱的时候。卦辞"往得众也"，五为君位，指六五；又有"其来复吉，乃得中也"，指九二。故九二、六五都为主爻。

41. 损卦，六五为主爻。损，损害、损失的意思。转接上卦，有难终有解，但灾难会造成损害，损失了要补偿回去。损卦卦旨在于"损下益上"，故六五为主爻。

42. 益卦，六二、九五共为主爻。益，增益。转接上卦，有损就有益。益卦卦旨为"损上益下"，故六二、九五都为主爻。

43. 夬卦，九五、上六共为主爻。夬，决、缺口的意思。转接上卦，增益不止，满出来，必然决而后止。九五处君位，阳刚中正；上六为卦所指决口。故九五、上六都为主爻。

44. 姤卦，初六、九五共为主爻。姤，遭遇、不期而遇的意思。转接上卦，满溢出来必然有所遇。初六一阴处众阳之下，为众阳所瞩目；九五处君位。故初六、九五都为主爻。

45. 萃卦，九五为主爻。萃，聚集的意思。转接上卦，事物相遇而后聚合。九五处君位，为上下所聚的核心，故为主爻。

46. 升卦，初六、六五共为主爻。升，上升。转接上卦，聚集多了必然增高上升。升，从下面开始；而六五升至君位。故初六、六五都为主爻。

47. 困卦，九二、九五共为主爻。困，处于困境、疲惫困乏的意思。转接上卦，不停地上升，必然力竭气乏而困。卦旨以阳刚受困为义，九二、九五皆为其上的阴爻所困。故九二、九五都为主爻。

48. 井卦，九五为主爻。井，水井。转接升卦，升得太高必然反于下，井，低下之处。井水，养民之用。九五处君位，故为主爻。

49. 革卦，九五为主爻。革，改革、革命的意思。卦辞"去故也"，即除去旧的东西。转接上卦，井用得年代久了，必然要清理、修治。九五处君位，权力在握，故为主爻。

50. 鼎卦，六五、上九共为主爻。鼎，古人煮大牲畜的青铜器皿。转接上卦，革，去故的意思，那么就带出来相反的"取新"问题。鼎，现杀现烧，取出来的食物当然是新鲜的。鼎卦以养贤人为义，六五处君位，贤人尊处上位。故六五、上九都为主爻。

51. 震卦，初九为主爻。震，震动，象征雷。雷被古人定为天地阴阳交配产生出来的第一个儿子，长子。转接上卦，鼎，国之重器，当然是大儿子接班作为鼎的主人，换代必有震动，所以接此震卦。震，从下面震起，动而向上。故初九为主爻。

52. 艮卦，上九为主爻。艮，停止的意思。转接上卦，事物不可能永远震动，总要有停止的时候。此卦上九处于事物发展到极的位置，最终止住。故上九为主爻。

53. 渐卦，六二、九五共为主爻。渐，进的意思，是渐进、缓进。转接上卦，事物不会永远停止在那里，所以要慢慢起动。六二与九五居中相应，故都为主爻。

54. 归妹卦，六五为主爻。归，出嫁；妹，女孩、少女。转接上卦，渐卦为男娶女之义，卦辞说"女归吉"；娶来必有嫁去，于是有归妹之卦。六五位尊得中，故为主爻。

55. 丰卦，六五为主爻。丰，盛大。转接上卦，嫁入夫家，夫妻同心，家业必然丰盛起来。六五居君位，柔而得中，能够做到盛大、保有盛大，故为主爻。

56. 旅卦，六五为主爻。旅，旅行在外。转接上卦，盛大至于极点，失所居，成为旅行者。六五在外卦，有旅行之象；柔而居尊得中，故为主爻。

57. 巽卦，九五为主爻。巽，顺、顺入的意思。巽象征风，风则无孔不入。转接上卦，旅，如天上云，飘无定所。但这种状况不能永远存在下去，于是设巽卦让其顺入。卦辞"刚巽乎中正而志行"。故九五为主爻。

58. 兑卦，九二、九五共为主爻。兑，喜悦的意思。转接上卦，巽是顺入，顺入则讨人喜欢，让人心悦，于是有兑卦。卦辞"刚中而柔外"。故九二、九五都为主爻。

59. 涣卦，九五为主爻。涣，离、散的意思。转接上卦，顺入欢聚终有分开之时，于是有涣卦。九五居君位，故为主爻。

60. 节卦，九五为主爻。节，节止的意思。转接上卦，事物离散，不可能永远离散下去，于是有节卦。九五处君位，故为主爻。

61. 中孚卦，九五为主爻。中孚，心中诚信的意思。转接上卦，要节制离散，处于上面的节制者必须有诚信，于是有此卦。九五处君位，首先得有诚信，故为主爻。

62. 小过卦，六二、六五共为主爻。小过，小的差错、过失。转接上卦，诚信节制队伍后必有行动，行动免不了出差错，于是有此卦。六二、六五柔而得中，故都为主爻。

63. 既济卦，六二为主爻。既济，既，已经；济，完事，成功。转接上卦，虽然出现小差错，但队伍终究前行，成功完成任务。卦辞"初吉，柔得中也"，故六二为主爻。

64. 未济卦，六五为主爻。未济，仍未成功。转接上卦，事物没有穷尽，旧的过程结束，新的征程开始，进入新的过程。卦辞"柔得中也"，故六五为主爻。

了解《周易》卦与卦之间的转接关系有助于我们总体地把握先贤的立卦思想。对它的逻辑性不要太较真，它只是要表示万物从生到灭的大过程，过程中充满了物极必反、有往必复的辩证思想。六十四卦的上下卦之间有的是因果关系，有的是并列关系，有的毫无关系，但是它属于过程的一部分，所以单列为卦。

中篇

六十四卦及解释

注：以下篇幅的黑体字为《周易》原文。一至三十卦前人一般称为《周易》上经，三十一至六十四卦称为《周易》下经。

乾　卦

乾，天。乾卦为六十四卦的父卦。九五为主爻。天体自然运行，永不停歇。古人用"天"来喻指"自强不息"的最根本特性。人类效法自然，就要效法它最根本的一点：自强不息。父亲是一家之长，顶梁柱。在这个世界上，人心不可测，事理难尽明，这就决定了一个人不能依赖外界取得成功。做人做事，唯一能依靠把握的就是自己。因此乾卦告诉我们的是"自强不息"这个道理。强调自主、自立，这是处世为人之本。自弃则天弃，自强则天助。自强不息，在中华子孙的心里，儿时读书，它是一个成语；进入社会，它是一个努力工作的信条；参与世界竞争中，它是一面旗帜。独立自主、自力更生，这也是一个国家民族的根本。围绕自强不息这个核心思想来理解乾卦的各爻意思，就抓住了乾卦的要旨。

初爻，入世之初，还嫩，"龙"还在蛰伏时期。不能汲汲于为世所用出成果。先得"修身"，充实提高自己。二爻，开始发挥作用，努力进取，进见有德有位之人，有利于自己进步成功。

三爻，终日奋斗不息，晚上反思是否有差错，环境危厉也无害。四爻，不以进退挫折为意，自强不息，终归无害。五爻，事业有成，如日中天。上爻，亢奋自得，会有悔恨。因为天道规律是满盈了就会转向反面。

乾：元亨利贞。

孔子在下面的《文言》里做了解释，此处不赘述。

《彖》曰：大哉乾元，万物资始，乃统天。云行雨施，品物流形。大明始终，六位时成，时乘六龙以御天。乾道变化，各正性命。保合大和，乃利贞。首出庶物，万国咸宁。

伟大啊！天是最大最善的，万物赖以为资开始产生，它统率天下万事万物。行云下雨，万事万物形态纷呈。太阳始终普照天下，上下前后左右因时而成，时常乘六条龙拉的车辆御临、巡视天下。随着天道变化，万事万物按照自己的成长规律和生命周期生存。各自保持物种、和睦相处、天下和谐，利于万事万物贞守传承。首创各种物品，供人使用，万国都得到安宁。资，作动词用，赖以为资助的意思。大明，太阳。始终，日复一日。正性命，物种按照自己的规律和生命周期生长。保，物种长存。合，和睦相处。和，和谐。咸，全部。宁，安宁。

《象》曰：天行健，君子以自强不息。

天体永远健行不息，君子看到此卦，仿效它而自强不息。

初九，潜龙勿用。

潜伏着的龙，不可为世所用而有所作为。潜龙，有德行的隐者。

《象》曰：潜龙勿用，阳在下也。

潜龙不为世所用的原因是象征潜龙的初九阳爻在最底下，未到出用之时。

初九是君子用世过程的开始，自强不息是为了为世所用，实现自己的人生价值。用世先要修身，得有为世所认同的德行，而德行只能是个人自己预先修炼。

九二，见龙在田，利见大人。

龙出现在田里，利于去见有位有德的大人。

这是君子用世的第二步，有德有行还需要有"大人"认识、提携。大人，有地位有德行的人。见大人肯定有利。

《象》曰：见龙在田，德施普也。

龙在田野出现，象征君子德行已经在下面产生普遍影响。

九三，君子终日乾乾，夕惕若，厉无咎。

君子终日自强不息，晚上警惕小心，处境危险也无害。乾乾，自强不息。夕，晚上。惕，害怕、谨慎小心的样子。厉，环境、气氛紧张压抑。

此爻说君子用世的第三种情况：已用而未大用。要想得到大用只能是常怀敬畏之心，时刻小心。这样即使环境不好，也不会有害处。

《象》曰：终日乾乾，反复道也。

终日自强不息，是为了反复修道。

九三处在下卦的上部，上卦的下面，不可能一路顺风，畅通无阻。处在这种地位上上下下反复修道是正常的。

九四，或跃在渊，无咎。

或者跃上天空，或者潜伏在深渊，都无害。

或跃在渊，减省了一个"或"字，实际上是或跃或在渊，指上下进退自如。

《象》曰：或跃在渊，进无咎也。

或者跃上天空，或者潜伏在深渊，上进没有什么害处。

九五，飞龙在天，利见大人。

飞龙在天上，利于见大德之人。

九五已经在君位，已无更大的大人可见。程颐认为此处的"大人"是大德之人。这里指九二，下卦乾的主爻，象辞说它"德普施也"，是大德之人，这样的人见见面是有好处的，有利于对全局情况的了解和控制。

《象》曰：飞龙在天，大人造也。

飞龙在天上，大人可以有所作为了。造，作、做的意思。

上九，亢龙有悔。

刚亢已极的龙，有悔恨。亢，过分，过头。这里体现了物极必反的辩证思想。

《象》曰：亢龙有悔，盈不可久也。

刚亢已极的龙，有悔恨，因为满盈是不可能长久的。

用九，见群龙无首，吉。

全部以阳爻组成一卦，出现的是群龙无首的情况，吉利。

看这句话时不要误认为这里又是一爻。用九，九指阳爻。程颐认为，全用阳爻，是纯刚，过于刚了。以刚为天下先，是凶道，会出现"群龙无首"的状况，将发生争斗转变。不为首则吉利。其他人对用九有繁杂的说法，毫无意义，本书不收。只要晓得这是乾转变为坤的当口就行。

《象》曰：用九，天德不可为首也。

全部用阳爻，天德阳刚，天阳至极，不可以再用刚为头。

乾即将转变为坤卦的时机，不可以当头。不要认为群龙无首就可以做乱世英雄，这样的英雄都没有好下场。但是对君子、有德之人来说，却是吉的，因为大家自然聚集在他身边。别人实际上以他为首，所以说吉。

元者，善之长也；亨者，嘉之会也；利者，义之和也；贞者，事之干也。君子体仁，足以长人；嘉会，足以合礼；利物，足以和义；贞固足以干事。君子行此四德者，故曰乾，元、亨、利、贞。

元，是善之首位，最大的善；亨，是美的集合，好事的汇集；利，是义的总和；贞，是事的主体，像树木的主干。君子以仁为体、为本，足以作为人们的首长、头领；集合美就足够合于礼，对他物有利就足够和谐正义，坚持主体就足够干各种事情。君子是实行这四种德行的人，所以说"乾，元、亨、利、贞"。

"利者，义之和也。"这句说所有义的总和是利，这是《周易》的义利观。又，《周易》对"义"的解释是"宜"，适宜。这样就在利、义、宜三者之间画了等号。就是说做适宜的事情，就是做有意义的事情，就是做有利的事情。体仁，以仁为体、为本。长人，倒装句，即人长，为人们的头领。君子实行仁就能够做首长。

初九曰，潜龙勿用，何谓也？子曰：龙德而隐者也。不易乎世，不成乎名，遁世无闷，不见是而无闷，乐则行之，忧则违之，确乎其不可拔，潜龙也。

子，指孔子。解释潜龙的隐。初九的潜龙勿用，说的是什么？孔子说：潜龙，比喻有德而隐居的君子。不为世俗所改变，不求成名，避世隐居而没有苦闷，世人看不见他的正确也没有苦闷。对高兴的事就去做，对可忧的事就违背不做，意志坚定不可拔移改变，就是潜龙。不易乎世，自己的意志、主张不为世俗所移易。不成乎名，不在乎外界的毁誉。遁世无闷，甘心隐退于世，没有烦闷。不见是而无闷，不被看成是对的也没有郁闷。确乎，坚高之貌。拔，移易。

九二曰，见龙在田，利见大人，何谓也？子曰：龙德而中正者也。庸言之信，庸行之谨，闲邪存其诚，善世而不伐，德博而化。《易》曰：见龙在田，利见大人。君德也。

见龙在田，利见大人，说的是什么？孔子说：说的是有德而行为中正的君子。日常语言的诚信，日常行为的谨慎，防止邪僻而保存他的真诚，使世俗变好却不自夸，德泽广大而化成风气。《易》说：见龙在田，利见大人，是说人君的道德修养。庸，平常。中庸，无过，无不及，无偏，无邪。闲，在古代有防止的意思。伐，自夸。博，广大。化，感化。君德，君子的道德修养。

九三曰，君子终日乾乾，夕惕若，厉无咎。何谓也？子曰：君子进德修业。忠信所以进德也。修辞立其诚，所以居业也。知至至之，可与言几也；知终终之，可与存义也。是故居上位而不骄，在下位而不忧。故乾乾因其时而惕，虽危无咎矣。

君子终日乾乾，夕惕若，厉无咎。说的是什么？孔子说，君子提高品德，进修学业。讲忠诚信用以提高品德，修饰言辞，语皆事实，心口如一，以积居学业。知道自己的奋斗目标，就去努力实现它。能掌握事物的微妙变化，就可以与他讨论几微之事了；知道终身应当如此，就终身如此，可以与他说守义不变了。因此，处在上位不会骄傲，处在下位不会忧愁，所以加倍自强不息地前进，随时警惕，虽处境危险也就无害了。几，几微，细小的苗头。

九四曰，或跃在渊，无咎。何谓也？子曰：上下无常，非为邪也；进退无恒，非离群也。君子进德修业，欲及时也。故无咎。

或跃在渊，无咎，说的是什么？孔子说，像龙一样或上或下，没有一定，不是搞歪门邪道；或进或退，没有一定，不是离开群体。君子进德修业，想的是及时进步，所以无害。

九五曰，飞龙在天，利见大人。何谓也？子曰：同声相应，同气相求。水流湿，火就燥。云从龙，风从虎。圣人作而万物睹。本乎天者亲上，本乎地者亲下。则各从其类也。

飞龙在天，利见大人，说的是什么？孔子说：声同的互相应和，气同的互相求索。水流向低湿处，火趋向干燥处。云跟从龙，风跟从虎。圣人创造卦象，使万物可睹。本源在天上的亲附上天，本源在地上的亲附大地，各自跟从它的同类。

上九曰，亢龙有悔。何谓也？子曰：贵而无位，高而无民，贤人在下位而无辅，是以动而有悔也。

亢龙有悔，说的是什么？孔子说，尊贵而没有地位，君位在九五，所以上九无位。高而没有民众，民在下，所以上九无民。贤人在下位而他没有辅佐，因此动而有悔。贤人指九三，九三与上九两阳不相应，所以上九无人辅助。

潜龙勿用，下也。见龙在田，时舍也。终日乾乾，行事也。或跃在渊，自试也。飞龙在天，上治也。亢龙有悔，穷之灾也。乾元用九，天下治也。

初九潜龙勿用，指处在下位。九二见龙在田，指暂时在民间。时舍也，时，形势；舍，置身之处。客观形势决定应该处于这种地位就安于这种地位，不去妄求。九三终日乾乾，指勤勉地办事。九四或跃在渊，是自试才能，验证自己之所学以知深浅。九五飞龙在天，比喻在上位治国。上九亢龙有悔，比喻阳刚到极点造成灾祸。穷之灾，处于穷极之地而不知变化招致的灾难。乾元，开始就通顺的意思。乾元用九，指开始就通顺并且全部用九（阳爻）组成的乾卦思想治理天下，天下没有不治的。

潜龙勿用，阳气潜藏。见龙在田，天下文明。终日乾乾，与时偕行。或跃在渊，乾道乃革。飞龙在天，乃位乎天德。亢龙有悔，与时偕极。乾元用九，乃见天则。

初九潜龙勿用，指阳气潜藏在地下。九二见龙在田，指天下富有文采而光明。九三终日乾乾，指跟着时机一起前进。九四或跃在渊，指天道仍在变革。九四处在下乾已终，上乾开始的时候，由下乾而入于上乾，所以说是乾道改革之时。九五飞龙在天，是处在天德的位置，指九五既处君位，又有君德，所以说天德。上九亢龙有悔，阳气跟着时机一起达到了极点，随着乾阳之气的继续上升，会出现物极必反变化。乾元用九，乾卦作为开始就通顺之卦，全部用九（即阳爻）来组成，才能看到天道的阴阳变化规律，阳极而变阴。则，规律，法则。

乾元者，始而亨者也。利贞者，性情也。乾始能以美利利天下，不言所利，大矣哉！

乾卦的元字，开始演化生长万物而通顺。利贞，有利于万物坚守它自己性质、情状的本来状态。乾卦开始能用美善和利益，使天下得利，而不居功说利于万物，伟大啊！元，始。

大哉乾乎，刚健中正，纯粹精也；六爻发挥，旁通情也；时乘六龙，以御天也；云行雨施，天下平也。

伟大啊乾卦，又刚健，又中正，无杂质，无瑕疵，纯粹之至啊！六爻意义的发挥，旁通天地万物的情理。乾卦六爻的变化将天地万物的变化都包括了，凭借"六龙"的潜、见、惕、跃、飞、亢，在不同时间条件下的不同变化，驾驭整个天道规律的变化。云流动，雨下降，天下太平。纯粹精，无杂质叫纯，无瑕疵叫粹，纯粹之至叫精。

君子以成德为行，日可见之行也。潜之为言也，隐而未见，行而未成，是以君子弗用也。

此处再一次发挥六爻未尽之意。初九，君子以成就德业为日常行动目的，每天可以看见他在行动。说的潜，是隐伏而没有出现，德行还没有成就，因此君子不自用于世。

君子学以聚之，问以辩之，宽以居之，仁以行之。《易》曰，见龙在田，利见大人，君德也。

君子用学习来积累知识，向知识更渊博的人请教问题来辨明是非，用宽大的心胸容纳知识，用仁义之心来行动。《易》的九二说：见龙在田，利见大人，是君子以德行见大人。这里说的君德，由学问而成，而非天生就有，功夫全在体会仁的意义，实行仁的行动上。

九三重刚而不中，上不在天，下不在田，故乾乾因其时而惕。虽危，无咎矣。

九三重刚而不中，九是阳爻，三是阳位，所以说重刚；上卦的中位是五位，下卦的中位是二位，九三不在这两个位置上，所以说不中。《周易》又有天、地、人三才的规定，一卦的五爻、上爻的位置为天道、天位；三爻、四爻的位置为人道、人位；初爻、二爻的位置为地道、地位。所以说九三上不在天，下不在田。九三的处境不好，处于危惧之地，但是九三能因时顺处，自强不息而小心警惕，故危而不至于有害。

九四重刚而不中，上不在天，下不在田，中不在人，故或之。或之者，疑之也。故无咎。

九四也是处在多重阳刚之上，不居于中。上不在天，下不在田，中不在人群里，所以说"或"。或的意思是怀疑、进退未定的意思。所以无害。

九三、九四虽然都属人道，但比较起来，九三离九二近，离九五远，正是人道；九四离九五近，离九二远，上近于天而下远于地，不是人所当处之地，所以说九四中不在人。

夫大人者，与天地合其德，与日月合其明。与四时合其序，与鬼神合其吉凶。先天而天弗违，后天而奉天时。天且弗违，而况于人乎，况于鬼神乎。

此处说九五，处于九五君位的"大人"，道德与天地好生之德相吻合，明察与日月的普照相吻合，恩威并用与春夏秋冬四时的顺序相吻合，吉凶赏罚与鬼神的福善祸恶相吻合。他行动在天道之前而天不违背他，他行动在天道之后依照天时行事。天尚且不违反他，何况人呢？何况鬼神呢？

鬼神，指冥冥之中、无法预测而在起作用的天道规律。这里说"大人"的思想、意识和行为可与天地、日月、四时、鬼神合拍。他之所以能够如此，是因为他是知天命的人，也是从心所欲不逾矩的人。天命即自然规律。他充分地认识了自然规律，并且能够顺应自然规律，在一定程度上获得了自由。

亢之为言也，知进而不知退，知存而不知亡，知得而不知丧。其唯圣人乎！知进退存亡而不失其正者，其唯圣人乎！

此处说上九。为什么说亢，是说他只知进而不知退，只知存而不知亡，只知得到而不知丧失。知道这些事情的人，恐怕只有圣人吧！因为知道进退存亡而不失正道的，只有圣人吧！

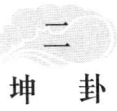

坤　卦

坤下坤上

综述：坤，地。是六十四卦的母卦。主爻为六二。地，厚德载物。承载万事万物是大地的最本质的特性。效法大地，就是要有无限广阔的胸怀，容纳所有自己喜欢的和不喜欢的人和事物。有了父母才有另外六十二卦。坤卦的核心是"顺"。坤卦说的是为臣之道，即为下属之道。说了臣道的六种情况：初六，初入臣道，要谨慎小心，察言观色，见微知著。主上脸上挂霜，坚冰将至。六二，以主上的意志为自己的意志，直行向前，懂得规矩方圆，并展现博大的胸怀容纳一切。不熟悉也没关系。六三，含美于内，贞守不移。成功归于上级，肯定有好结果。六四，慎则无害，括囊不张扬，不要有赞誉。六五，谨守坤道，才干能力深藏在内，定有大吉。上六，阴盛至极，物极必反，会由顺转逆，与阳发生激烈争斗。

坤卦的初六与上六的卦辞、象辞乍一看去与另外四爻不合拍。初六：履霜，坚冰至。后世诸子只是从时令、阴气初聚上解释，而不涉及人事、臣道。上六更为血腥：龙战于野，其血玄黄。诸子只是说阴盛极后，顺转为逆，闪烁其词。实际上初六、上六都是臣道的一部分。诸子们不肯明说，让后人自己去猜度理解。初六说的是初为臣子，要学会看主人脸色做事，有先知、先见之明。冷若冰霜这个成语由来已久，并非虚言，主人脸上挂霜，就要想想是怎么回事了，自己是不是有什么差错了，否则坚冰将至。上六从坤卦全卦意思看，好像是多出来的一爻。但它说的是臣道的特例，顺极而反，是奸臣谋反之道。在功德圆满、元吉之后，不能正确对待，贪心不足，还想谋权夺位。存在决定认识，看来秦以前的先民处于蛮荒向文明的过渡期，赤裸裸的生存斗争更为频繁、残酷。上六与其说它在说坤顺，不如说它是在提醒君主，曲意奉承的臣下是包藏祸心的，一旦时机成熟，会与你战得血流遍野。这样的奸臣、阴谋家、野心家代有其人，不会断种。好话说尽，坏事做绝，一人之下还不满足。

坤，元亨，利牝（pìn）马之贞。君子有攸往，先迷后得主。利西南得朋，东北丧朋。安贞吉。

坤卦，大通顺，利于像母马一样贞守。君子有所前进，即使起先迷茫摸不着门道，后来也会得到君主的认可。利于去西南得到朋友，在东北丧失朋友。安于贞守顺从的状态，自动自觉、心甘情愿地顺于乾，则得吉。坤处在乾的从属地位，以守顺乾阳的正为有利。坤顺要以乾健为先而自己居后，以乾健为主角而自己为配角。

牝马，母马。牝，雌性的禽兽。攸，所。在《周易》的方位里，艮为阳卦，方位在东北，为阳方；坤为阴卦，方位在西南，为阴方。得到西南方的朋友，就是多了守坤道的朋友，不会引起乾阳的怀疑警惕；而丧失东北方阳刚的朋友，是排除了阳与阳可能对立的因素，这是有利于坤的。

《象》曰：**至哉坤元，万物资生，乃顺承天。坤厚载物，德合无疆。含弘光大，品物咸亨。牝马地类，行地无疆，柔顺利贞，君子攸行，先迷失道，后顺得常。西南得朋，乃与类行，东北丧朋，乃终有庆。安贞之吉，应地无疆。**

至善啊坤卦元始，万物靠它生长，而承顺天（乾）道。坤地域广厚而承载万物，坤的品德合于乾德的无边无际。地德深厚，无所不包容，无所不持载，没有什么东西不在它的广大的怀抱之中。各种物类都顺畅亨通生长。雌马与大地属于阴性一类，在地上行走是无疆域限制的，性情柔顺，利于贞守正道。君子有所远行，开始迷失道路，后来顺而得到正常的道路。向西南去得到朋友，是跟同类守坤道的人一起行动。丧失东北方异类朋友，而最终有吉庆。安于贞守正道的吉利，对应大地的广大无边。光大，即广大。

《象》曰：**地势坤，君子以厚德载物。**

地势是顺着天的，君子效法地，用深厚的德泽来化育承载万事万物。

初六，履霜，坚冰至。

脚踩到霜，就要想到坚冰会到来。

《象》曰：**履霜坚冰，阴始凝也；驯致其道，至坚冰也。**

履霜坚冰，阴气开始凝结了；顺着自然规律推断，就预料到坚冰要来了。驯致，顺着推断。道，自然规律。

六二，直方大，不习无不利。

以乾阳的直为坤的直，对应天圆地方，大而无疆，不熟悉也没有不利的。

坤以乾阳的思想意志为自己的思想意志，六二是主爻，代表坤卦，顺天行事，成就万物是大地母亲的本性，所以不熟悉也没有不利的。不习，说坤之道因任自然，一切顺从乾德而行。

《象》曰：六二之动，直以方也。不习无不利，地道光也。

六二的行动，直而且方正大气。不熟悉也没有不利的，因为地道广大。光，广大。

六三，含章可贞。或从王事，无成有终。

内含成事成文之才，可以贞守不移。有机会为君王做事，功成不居。于个人看，似乎没有成就，但会有始有终，有结果。章，成事成文的本领。

《象》曰：含章可贞，以时发也。或从王事，知光大也。

内含成事成文之才而长久贞守，因时因事而发。有机会为君王做事，就会才智广大，眼光深远。

六四，括囊，无咎无誉。

扎紧口袋，不露锋芒，没有害处也没有赞誉。囊，口袋。括，扎上、束紧袋口。

《象》曰：括囊无咎，慎不害也。

扎紧袋口无咎，谨慎不会有害处。括囊无咎的实质是谨慎。慎，慎言慎行。

六五，黄裳，元吉。

下身穿黄色的服装，大吉。黄，地的颜色。裳，下身的服装，有上衣罩着，意思是不显露自己。这里说六五谨守坤道，以乾道为上，所以大吉。

《象》曰：黄裳元吉，文在中也。

下身穿黄色的服装，大吉。文饰在里面，让上衣罩着不外露。文，文饰，文采。中，指里面。

上六，龙战于野，其血玄黄。

与乾龙在野外搏斗，流出玄黄色的血。上六是阴爻发展到极处，已经到了向阳爻挑战转化的关头。

《象》曰：龙战于野，其道穷也。

与乾龙在野外搏斗，它没路可走了。道穷，走到了穷途末路。

用六，利永贞。

全部用六（阴爻）组成一卦。坤顺到极点，利于永远贞守。

《象》曰：用六永贞，以大终也。

用六个阴爻组成一卦，永远贞守，最后以大告终。指阴最后要转变为阳，《周易》以阴为小，以阳为大。

《文言》：坤至柔而动也刚，至静而德方，后得主而有常，含万物而化光，坤道其顺乎，承天而时行。

坤是最柔和的但是行动起来也刚健，随乾而动雷厉风行。坤道是极安静的而坤德是方正的，跟在乾的后面得到乾的主张而行动，作为自己的常道，包含万物而演化孕育大千世界。坤道是顺啊，承奉乾道而按时行动。

积善之家，必有余庆；积不善之家，必有余殃。臣弑其君，子弑其父，非一朝一夕之故，其所由来者渐矣，由辩之不早，辩也。

此处接上六而说。积善的人家一定吉庆有余，积不善的人家，必有过多的灾殃。臣子杀掉君主，儿子杀掉父亲，不是一朝一夕的缘故，它的原因是逐渐积累起来的，是不早早加以识别而造成的。这是明明白白的事情了。孔子的《文言》在这里点出了上六是心怀鬼胎的逆臣。积善就是积顺，积不善就是积不顺。

《易》曰履霜坚冰至，盖言顺也。直其正也，方其义也。君子敬以直内，义以方外，敬义立而德不孤。直方大，不习无不利，则不疑其所行也。

此处串起来解说初六、六二，履霜坚冰至，说的是顺从。直行那些正的，推行扩大那些适宜的事。君子常怀敬畏之心正直于内，处事合宜而对外方正，不结党营私。以主敬和合宜为基础的道德就不孤立。正直、方正、广大，不熟习的事情处理起来也无不利，因为这样君主不会怀疑他的行动。义，古通"宜"，适宜的意思。

阴虽有美含之，以从王事，弗敢成也。地道也，妻道也，臣道也。地道无成而代有终也。

此处再解说六三。阴虽心含章美为君王做事，不敢成功自居。这是地之道，妻之道，臣之道。地道功成归君，自己没有成果但世世代代有结果。

天地变化，草木蕃；天地闭，贤人隐。《易》曰括囊无咎无誉，盖言谨也。

此处再解说六四。天地变化，草木繁盛；天地闭塞，贤人隐居。《易》说括囊，无咎无誉，是说要谨慎。

君子黄中通理，正位居体，美在其中，而畅于四支，发于事业，美之至也。

此处再解说六五。君子黄裳在里面，通于道理。身处六五高位而守礼处下，美在内心，畅通于四肢，发达于事业，是真善美的极致了。黄，坤、地的颜色，指守本分。

阴疑于阳必战，为其嫌于无阳也，故称龙焉。犹未离其类也，故称血焉。夫玄黄者，天地之杂也。天玄而地黄。

此处再解说上六。阴为阳所怀疑，必有一战，因为上六已处于阴极，即将转化为阳了，嫌自己无阳，所以称为龙。但还没有离开它的阴类，所以说血。玄黄是天地相混杂的颜色，天色玄而地色黄。从这里与爻辞对照可以看出阴阳皆伤。血，属于阴类。

三
屯　卦

震下坎上

综述：屯，难，灾难。主爻为初九、九五。沧海横流是建功立业的机会，就看你如何把握，如何经纶。初九，灾难开始时，虽然也利于建业封侯，但这是做准备、打基础的时候，不能躁动，要安居贞守，立志、行为都要端正，与民同甘共苦，取得百姓拥戴。六二，建功立业路上，艰苦努力才能有建树，像结婚后十年才生出孩子的夫妇一样。六三，看到有鹿可逐，没等到左右集结好，就去追。可是鹿逃入森林，盲目进入有危险，不如放弃。屯难之中，不能急功近利。六四，乘马往还，去求婚联姻建立关系，壮大队伍。这样做没有不利之处。九五，处于君位，集聚了很多民脂民膏，但只能做做小事情。因为成大事要有民心支持，要得民心就要广施恩惠，不能搜刮民脂民膏给自己享用。上六，处于屯难之极，无法出险，哭得血泪交流。但这样是不会长久的，要么通过难关，要么灭亡。

屯，元亨利贞。勿用有攸往。利建侯。

屯卦，大通顺，利于贞守。不用有所往。利于建业封侯。

《彖》曰：屯，刚柔始交而难生。动乎险中，大亨贞。雷雨之动满盈，天造草昧。宜建侯而不宁。

屯卦，阳刚与阴柔开始交结而产生困难。动于险中，屯的下卦是震，震是动；上卦是坎，坎是险；动而遇险，屯难之义。贞守则大通顺。雷雨之动充满天下，上天创造的万物处于混乱、没有次序的草昧阶段。宜于建功立业获封侯而不得安宁。

《象》曰：云雷，屯。君子以经纶。

云中响雷，屯卦。适合君子治理世事。坎为水，水在天为云，震为雷，所以说云雷。经纶，治丝，打理蚕丝，比喻治理纷乱如丝的世事。

初九，磐桓，利居贞，利建侯。

徘徊难进，利于安居贞守，有利于建业封侯。

《象》曰：虽磐桓，志行正也。以贵下贱，大得民也。

虽徘徊难进，但立志和行为端正。以贵处贱之下（初九阳爻处于六二阴爻之下），大得民心。

六二，屯如邅（zhān）如，乘马班如。匪寇婚媾。女子贞不字，十年乃字。

有难而不能前进，骑着马回旋，踯躅难进。不是来抢劫，是来谈婚论嫁的。女子贞守妇道而没有孕育，十年才生育。屯，难。邅，行而不进。班，回头。字，生育。

《象》曰：六二之难，乘刚也。十年乃字，反常也。

六二的困难，在于阴爻凌驾于阳爻初九之上。十年才生育是违反常规的。

六三，即鹿无虞，惟入于林中，君子几，不如舍，往吝。

追逐鹿没有帮着驱赶鹿的虞人，只有跑入林中才能抓住鹿，君子见苗头不对，不如舍弃，继续去追捕不好。虞，帮着驱赶鹿的虞人。几，几微，苗头。

《象》曰：即鹿无虞，以从禽也。君子舍之，往吝穷也。

逐鹿没有帮助驱赶鹿的虞人，因为急于追赶想得到鹿，把虞人落在后面了。君子放弃它，前往会不顺而困顿。从，紧跟其后。

六四，乘马班如，求婚媾。往吉，无不利。

骑马盘回，求婚姻。去是吉的，没有不利。班，回旋。

《象》曰：求而往，明也。

求婚而往，正大光明的。

九五，屯其膏，小贞吉，大贞凶。

囤积民脂民膏，坚持这样做，小的事情吉，干大的事情凶。贞，此处指坚持，坚守。

《象》曰：屯其膏，施未光也。

囤积民脂民膏，布施给他人的影响不广大，人民不会拥护。

上六，乘马班如，泣血涟如。

骑马盘桓，哭得血泪交流。上六处屯难之中，坎险至极时，而又与六三无应，无力脱困。又，古人说坎为血卦，所以有泣血涟如之语。

《象》曰：泣血涟如，何可长也。

哭得血泪交流，怎么可以长久呢？要么通过难关，要么灭亡，两者必居其一。

四
蒙　卦

坎下艮上

综述：蒙，幼小蒙昧。主爻为九二、六五。蒙卦说在蒙昧时期如何去启蒙百姓。治蒙之道，应当启发他，养育他，还要包容他，对于极端的少数人加以打击，刑罚与兵器是辅助的教育手段。初六，启发蒙昧，首先要以法律震慑教育为主，利用服刑之人，戴着刑具，现身说教。九二，对年轻人的蒙昧则加以包容，成家立业后他就会懂得的。六三，邪僻妄行的人是很难教育的，不能用，用了这种人会事事不顺。六四，对那些困于蒙昧而又不学好的人，他们的思想远离社会人生的实际道理，是教育的重点。六五，类似于儿童赤子之心的蒙昧，对师长的教化会欣然接受，很快会收到好效果。上九，蒙昧至极，危害社会，需要加以打击，当头喝醒。但不是以暴制暴对待他们，而要像防备寇贼那样，闹了事打击不手软，并因时因事说教。这样上下就顺了。

蒙，亨。匪我求童蒙，童蒙求我。初筮告，再三渎，渎则不告。利贞。

蒙卦，通顺。不是我求蒙昧的童子，是蒙昧的童子求我。初次占筮求卦，告诉他，如果对我说的吉凶不相信，再三占筮求卦，则亵渎了神灵，就不再告诉。利于贞守。

《彖》曰：蒙，山下有险，险而止，蒙。蒙，亨，以亨行时中也。匪我求童蒙，童蒙求我，志应也。初筮告，以刚中也。再三渎，渎则不告。渎，蒙也。蒙以养正，圣功也。

蒙卦。坎为水，艮为山；水在下，山在上。山下有险，遇险而停止，称为蒙卦。蒙卦，通顺。通顺而前行，时可行则行，时该止则止，皆合时宜。此卦六五为童蒙，九二为启蒙者。非我求童蒙，童蒙求我，双方的志向相投。第一次求卦，告诉，因为九二刚而处中。再三求卦，心不诚，亵渎了神灵，亵渎则不告。渎犯神灵是蒙昧的。启蒙使他养成正确认识，培养社会正气，是圣人的功德。

《彖》曰：山下出泉，蒙。君子以果行育德。

艮为山在上，坎为水在下，象征山下流出泉水，蒙卦。君子用果敢的行动来培养人的品德。

初六，发蒙，利用刑人。用说桎梏，以往，吝。

启发蒙昧，利用受刑的人。如果用脱掉他们枷锁的方法，前去启发蒙昧，效果不好。说，同"脱"。

《彖》曰：利用刑人，以正法也。

利用刑人，为的是端正法律、树立正气。

九二，包蒙吉。纳妇吉。子克家。

包容蒙昧，吉。娶媳妇，吉。儿子能够成家。纳，娶进门。克，能的意思。

《象》曰：子克家，刚柔接也。

儿子如果能娶媳妇成家，刚柔相接，就好了。

六三，勿用取女，见金夫，不有躬。无攸利。

不要娶这个女子。六三以阴爻居阳位不中不正，邪辟妄行，其正应在上九，见九二纳妇，便舍弃上九而从九二，以柔乘刚，所以说不要娶她。见到金钱多的男子，就不再有她自己的操守。无所利。取，同"娶"。躬，身体。

《象》曰：勿用取女，行不顺也。

不要娶这个女子，娶她是不顺的。

六四，困蒙，吝。

困于蒙昧，是羞耻。

《象》曰：困蒙之吝，独远实也。

困于蒙昧的羞耻，独在于远离老师的实际直接教育，是困而不学的结果。从爻位上说，九二阳爻为实、为师。其他阴爻为虚、为童蒙。六四与九二隔开一爻，有远离老师之象。

六五，童蒙，吉。

蒙昧的童子，孺子可教，吉。六五以柔居刚，弱质之象；得中位而能求明白事理；应于九二，有师长对其启蒙。所以得吉。

《象》曰：童蒙之吉，顺以巽也。

蒙昧的童子的吉，因为柔顺而服从。

上九，击蒙，不利为寇，利御寇。

上九阳刚又蒙昧至极，需要猛击喝醒，所以说击蒙。但对阳刚蒙昧至极的人，不能当寇贼一样对待，那样做不利。而要用防御寇贼的方法去防范他，这样做有利。

　　《象》曰：利用御寇，上下顺也。

　　用防御寇贼的方法，上下关系就顺了。毕竟上九也是子民。

五
需　卦

乾下坎上

　　综述：需，停留，等待。主爻为九五。乾为健，坎为险，以刚遇险，陷于险而不匆忙前进，是需的意思。《序卦传》以饮食之道供养解释需卦，而全卦没有供养之义，只说等待。这是前人的疑惑之处，大概是等待供养吧。初九，在郊外等待，只要有恒心，就没有什么不好的。九二，在沙滩等待，有人说牢骚怪话，但只要等待，最终是得吉的。九三，在泥泞中等待，以致寇贼乘机到来，由于怀着敬畏之心，谨慎处事，没有失败。以上，下卦乾的三个阳爻，都知险而能等待。险，即上卦的坎险。六四从洞穴出来，等待在血泊里，只能顺从听命。九五，在吃喝中等待，贞守而得吉。上六，进入洞穴，三个不速之客到来，敬重地对待他们，最终得吉。需卦的卦意是，刚健之才，遇险陷在前，应当容忍待时，用柔而主静。如果不审时度势，恃刚愤躁而进，败亡之道。而含忍守敬，则可以免祸。

需，有孚，光亨，贞吉，利涉大川。

需卦，有诚信，广大通顺，贞守得吉，利于跋涉大江大河。

《彖》曰：需，须也，险在前也。刚健而不陷，其义不困穷矣。需，有孚，光亨，贞吉，位乎天位，以正中也。利涉大川，往有功也。

需卦，须，等待。坎为水，乾为天，水在天上，象征险在前面。刚健指下卦乾而言，刚健而不陷于险，以待时机，它的本义是不穷困的。需卦，有诚信，广大亨通，贞守得吉。因为主爻九五处在天的位置，而又有中正之德，利于跋涉大江大河，往而有功。

《象》曰：云上于天，需。君子以饮食宴乐。

坎为水在上，水在天上为云，象征云在天上，是需卦。君子以饮食安乐来等待时机。

初九，需于郊，利用恒，无咎。

等待在郊野，利于耐心等待，无害。

《象》曰：需于郊，不犯难行也。利用恒，无咎，未失常也。

等待于郊外，不犯难而前行。利于耐心等待，无害，因为没有失去正常思维。

九二，需于沙，小有言，终吉。

等待在沙地里，有小的牢骚怪话，最终是吉的。

《象》曰：需于沙，衍在中也。虽小有言，以终吉也。

等待在沙地里，内心是宽舒的。虽有小的牢骚怪话，结果还是吉的。衍，宽的意思。

九三，需于泥，致寇至。

等待在泥泞的恶劣环境里，招致寇贼乘机而来。

《象》曰：需于泥，灾在外也。自我致寇，敬慎不败也。

等待在泥泞里，灾祸在外面。自己招致的寇贼，小心认真防御，则不会失败。

六四，需于血，出自穴。

停留在血泊里，从洞穴里出来。坎为险，险处为杀伤之地，所以说坎为血卦。

《象》曰：需于血，顺以听也。

停留在血泊里，顺从听命令。

九五，需于酒食，贞吉。

停留在酒食里，安心等待，贞守得吉。

《象》曰：酒食，贞吉，以中正也。

酒食，贞守得吉，因为九五既处在中，又得正，能够自持不乱。

上六，入于穴，有不速之客三人来，敬之终吉。

进入洞穴，有不请自来的三个人到来，敬重地对待他们，最终是吉利的。不速之客三个，指下卦乾的三个阳爻要出险，上六是上卦坎的最后关口。上六阴爻阴位，只能恭顺从命。

《象》曰：不速之客来，敬之终吉。虽不当位，未大失也。

不速之客来，敬重待之终会得吉。因为上六阴爻处于坎险至极时，但没有大的失误。阴宜处下，而上六处于穷极之地，说不当位是指处的地方不对。单纯从卦位来说，上六阴爻处阴位是当位的。

六

讼 卦

坎下乾上

综述：讼，诉讼。主爻为九五。与人争辩是非曲直而待人裁决。讼卦提出了一个人世间普遍存在的争讼、诉讼问题。一般人争讼会认为打赢了官司就是好的，但《周易》的观点不一样，它认为讼败是凶，讼胜也是凶，终凶，并提出了一套解决争讼的办法。在做事之前就要深思熟虑，不发生矛盾。万一有了矛盾，"利见大人"，应该找个德高望重、双方信服的长者来调停处理。真的争讼起来，应按如下思路处理。初六，争讼开始时就不要让它发展为一场官司，争执几句就算了。处讼之始，不为讼先。九二，跟上级发生纷争就更不行了，那是自取其灾。六三，吃吃祖上的老本，面对分歧，顺从上面没错。给上面做事，不能居功。九四，不能坚持诉讼，回去就改变主意，不再诉讼。平安贞守不会有损失。九五，走正道打赢官司才是正确的、吉利的。上九，以势压人打赢了官司最终还是会失去所得，并且让别人看不起。

讼，有孚，窒惕中，吉，终凶。利见大人，不利涉大川。

讼卦，要有诚信，即使闭塞郁闷，心里警觉守中道，得吉，最终凶。利于去见大人调解，不利于做大事、渡大江大河。窒，闭塞不通。

《象》曰：讼，上刚下险，险而健，讼。讼，有孚，窒惕中，吉。刚来而得中也。终凶，讼不可成也。利见大人，尚中正也。不利涉大川，入于渊也。

讼卦，上卦为乾，下卦为坎，显示上刚下险，险而又健，就会引起争讼。有了争讼，抱有诚信，心里警惕守中道，得吉。对方气势汹汹而来，自己有诚信而行事中正，所以得吉。终凶，因为争讼对双方都不可能是有利的，所以不要将事情发展成为一场争讼。见德高望重的大人有利，做人要崇尚中、正之道。不利于渡涉大江大河，否则会坠入深渊。

《象》曰：天与水违行，讼。君子以作事谋始。

天在上，水在下，天与水相背而行，是讼卦。君子因此做事情开头就要谋划好，避免争讼。

初六，不永所事，小有言，终吉。

不要将争讼进行到底，有小的语言冲突，不闹大，最终是吉的。事，指讼事。永，长久，到底。

《象》曰：不永所事，讼不可长也。虽小有言，其辩羽也。

不要将争讼这件事情进行到底，因为争讼不可能长久发展下去。虽有小的语言争论，是非辨明即可。

九二，不克讼，归而逋（bǔ）其邑人三百户，无眚（shěng）。

不能诉讼，回去逃到自己三百户的采邑里，无灾祸。克，能的意思。逋，逃。眚，自生之灾。

《象》曰：不克讼。归逋，窜也。自下讼上，患至掇

（duō）也。

不能诉讼，逃窜回去。下级与上级争讼，祸害到来是自取的。掇，双手去拿。

六三，食旧德，贞厉，终吉。或从王事，无成。

贞守祖上老本旧德庇荫吃饭，有危险，但结果是吉的。有机会为君王做事，成功归君王，自己不要居功。无成，戒语；无，不要；成，成果，指功劳。厉，指六三处于九二和九四之间，承、乘都是阳刚多事之人。

《象》曰：食旧德，从上吉也。

靠祖上的庇荫吃饭，顺从上级是吉的。

九四，不克讼，复即命渝，安贞吉。

不能争讼，回去就命令改为不要争讼。平安贞守得吉。渝，改变。

《象》曰：复即命渝，安贞不失也。

回去就命令改变主意，平安贞守不会有损失。

九五，讼元吉。

诉讼大吉。

《象》曰：讼元吉，以中正也。

诉讼大吉，因为合于中、正之道。

上九，或锡之鞶（pán）带，终朝三褫（chǐ）之。

即使讼胜，君主赐给他大的腰带，在早朝时三次赐予又三次剥夺。上九肆刚而穷极于讼，无理而讼胜，所得终必失之。褫，夺的意思。

《象》曰：以讼受服，亦不足敬也。

因为争讼受到服饰的赏赐，也是不值得敬重的。

七

师　卦

坎下坤上

综述：师，兵众，部队。主爻为九二、六五。师卦说的是带队伍打仗的事情，提出了带兵、用兵原则。初六，出师必须有严格的纪律，否则凶险难测。九二，统军将帅受君上的委任派遣，在外作战，有专制之权。君王要及时重奖有功人员，树立榜样。六三，如果打了败仗，要进行严厉的处罚。六四，队伍进退驻扎等军中事务，由主将自己适时应变。六五，有来侵犯的，抓住他们就好说话了，可以申明他们的罪行而讨伐他们。长子率领军队，其他儿子打败仗，任其下去，得凶。上六，行师之终，论功行赏，封侯加官，不用小人。此外再加上卦辞里提出的统帅的才能、谋略、品德要为众人敬畏、师出须有名等思想，组成了千古不变的战争谋略原则。

师，贞，丈人，吉无咎。

师卦，坚守正道。任命丈人做统帅，吉利无灾祸。丈人，才能、谋略、品德都为大家所敬畏的人。

《彖》曰：师，众也。贞，正也。能以众正，可以王矣。刚

中而应，行险而顺。以此毒天下，而民从之，吉又何咎矣。

师，众人，队伍。贞，守正的意思。能够使群众归正，可以称王天下了。刚健居中而上下相应，行于险地而顺利。指九二阳爻刚健处中位，与六五相呼应。这样来役使天下，人民都听从他，是吉利的，又有什么害处呢？毒，役使。

《象》曰：地中有水，师。君子以容民畜众。

坤为地在上，坎为水在下。象征地中有水，为师卦。君子因此容纳畜养人民。因为这是军队之本。

初六，师出以律，否臧凶。

出师打仗要有纪律，否则必有凶险。

《象》曰：师出以律，失律凶也。

出师打仗要以纪律约束队伍，失去纪律约束会凶险异常。

九二，在师中，吉无咎，王三锡命。

身在军中，吉，无灾害。君王三次嘉奖。锡，通"赐"。九二阳刚处中，为统帅。

《象》曰：在师中吉，承天宠也。王三锡命，怀万邦也。

在军中吉，承受天子宠爱的缘故。君王三次赐赏，是为了怀绥安抚万国。

六三，师或舆尸，凶。

军队如果打败仗载尸而归，凶。六三以阴处阳位，不中不正，又在九二之上。象征小人才弱志刚，身为偏将而擅权行动，招致失败。从后面的"长子帅师，弟子舆尸"看，这次战争实际上是用了大儿子和小儿子出征，而小儿子不服作为统帅的大儿子调度，分权而导致失败。

《象》曰：师或舆尸，大无功也。

军队如果载尸而归，就毫无战功。

六四，师左次，无咎。

军队退后驻扎，无灾害。次，驻扎。兵家以右为前，左为后。左次，退后驻扎。

《象》曰："左次无咎"，未失常也。

军队退后驻扎，没有违背正道、常理。

六五，田有禽，利执言，无咎。长子帅师，弟子舆尸，贞凶。

田里有禽兽为害，指对方骚扰，有利于抓住他说话，无害。长子统率军队出征，弟弟战败载尸而归，守正也不免于凶。执，抓住。言，话语。贞，守正。

《象》曰：长子帅师，以中行也。弟子舆尸，使不当也。

长子统率军队，以中道行事。弟子舆尸，用人不当。长子为九二；弟子为六三。

上六，大君有命，开国承家，小人勿用。

天子有命令，论功行赏，封侯国，封大夫，小人不用封赏。

《象》曰：大君有命，以正功也。小人勿用，必乱邦也。

天子有命令，用来端正激励有功之人。小人勿用，用了一定会乱国乱邦。

八
比 卦

坤下坎上

综述：比，比邻。主爻为九五。比为亲密交朋友，争取尽可能多的事业援助，是君子一生都要做的事情。六十四卦里卦辞说吉的只有两卦，比是其中之一。该卦说明古人对朋友的理解。朋友最重要的作用是帮助，所以卦辞里连续排了三句：交朋友吉啊，交朋友得辅助啊，交朋友可以顺心做事啊。比卦道出了交友之道：初六，交朋友关键在于初始的诚信，初始诚信会有意想不到的它吉。六二，交朋友要将心比心，出自内心的真诚。六三，交了不好的狐朋狗友，自己也会很受伤。六四，对外交五湖四海的朋友，有助于更好地为自己的君主服务。九五，君主交朋友是显赫的，要坚持中、正之道，不偏不党，远近如一。以围猎做比喻，来者不拒，去者不追，不强求。上六，朋友翻脸，是因为开始就没有处理好关系。人与人见面，有个三十秒定格的规律，内心的诚与不诚，一开始就能互相感觉到。

比，吉。原筮，元永贞，无咎。不宁方来，后夫凶。

比卦，吉利。再审视卜筮所得卦辞，对方来不来交朋友，自己可不可以交朋友。大善长久贞守，无害。不安宁的诸侯国来交朋友，迟到的人凶。亲比是双向的，看自己的愿望，还要再看看对方的诚意如何，所以说"原筮"。原，再推敲；原筮：再次推敲思考所得之卦。元，大善。

《彖》曰：比吉也，比辅也，下顺从也。原筮，元永贞，无咎，以刚中也。不宁方来，上下应也。后夫凶，其道穷也。

比是吉的，比是辅佐，在下的顺从在上的。指九五下面的柔爻都顺从九五。再次推原卦辞，大善长久贞守，无害，因为刚健中正。不安宁的诸侯国来亲比，上下相应和了。后来的人凶，他无路可走了。

《象》曰：地上有水，比。先王以建万国，亲诸侯。

坤为地，坎为水。坤下坎上，象征地上有水，水与地面密切融合，就是比。先王因此建置万国，亲近诸侯，巩固他的统治秩序。

初六，有孚，比之，无咎。有孚，盈缶，终来有它吉。

有诚信，交朋友，无害。有诚信，诚信满满的，像满盈的瓦钵，到头来会有另外的吉利。

《象》曰：比之初六，有它吉也。

初六那样交朋友，会有其他的吉利之事。此卦在亲比上，主要是阴爻亲比于阳爻，即众阴比附于九五。从爻位上说：初六与九五没有关系，初六只能比于六四，然后通过六四比陟于九五。这样，通过朋友再交朋友，显得友谊更加满盈，带来"它吉"。

六二，比之自内，贞吉。

亲近他从内心出发，贞守得吉。

《象》曰：比之自内，不自失也。

亲近他从内心出发，自己没有失误。六二处中，爻位本来就规定与九五呼应，所以说出自内心，不失于自己的本分。

六三，比之匪人。

与不好的人交朋友。匪，不好的人。

《象》曰：比之匪人，不亦伤乎。

交到不好的朋友，自己不是很受伤害吗？这里指六三按爻位规定要与上六呼应亲比，而上六骑乘在九五之上，不吉利。所以说交了个不好的朋友，所交匪人。

六四，外比之，贞吉。

到外面去交朋友，并且贞守友谊，吉。六四处于此卦的外卦坎里，坎为坑，所以说要外比。指示要广交朋友，本单位外、原来朋友之外乃至国外，等等。

《象》曰：外比于贤，以从上也。

到外面与贤人为友，为了追随君上干事情。

九五，显比，王用三驱失前禽，邑人不诫，吉。

处在君位的人交的朋友是显赫的朋友。君王三面合围去打猎，失去正前面的禽兽，不因此训诫封邑中的百姓，吉。三面合围去打猎，是古代仁君的一个惯例，网开一面，不赶尽杀绝。实际上是留下一些禽兽繁衍生息，下次可以再捕猎。

《象》曰：显比之吉，位正中也。舍逆取顺，失前禽也。邑人不诫，上使中也。

交显赫朋友的吉，是因为居中得正一视同仁交朋友。舍弃不顺从的，获取顺从我的，所以正面的禽类跑掉了。不训诫邑人，是君主坚持中道，不偏不党。

上六，比之无首，凶。

开始交朋友没有处理好关系，没有好的开头，凶。首，指初始。

《象》曰：比之无首，无所终也。

交朋友开始没有处理好关系，就没有好结果。从爻位上说，上六在九五之上，有乘阳之弊，关系一开始就比较微妙难处。

九

小畜卦

乾下巽上

综述：小畜，小的聚畜，小的畜止。主爻为六四、九五。此卦一阴畜五阳，以小畜大之意。在现实生活中有广泛的意义。初九，按原来的最下面位置自处，得吉。九二，为初九所牵扯，按原来的位置中道自处，得吉。九三，夫妻反目，不能齐家，哪能治国平天下。六四，有诚信，与九五合志，伤害忧患离去了，无害。九五，有诚信，又与六四意气相投、紧密结合，使得六四畜止众阳，也富裕起来。上九，雨也下过了，雨也停了，功德圆满了，但要清楚这是一阴对五阳的势均力敌的小畜，已经要向反面转化，密云不雨是随时可能下雨的。如果一阴坚持畜五阳，则有危险。如果要出门征伐，也有凶险。

小畜，亨。密云不雨，自我西郊。

小畜卦，通顺。云浓不下雨，从我的西面被风吹过来。

《彖》曰：小畜，柔得位而上下应之，曰小畜。健而巽，刚中而志行，乃亨。密云不雨，尚往也。自我西郊，施未行也。

小畜卦，阴爻为柔，柔得位而上下的阳爻跟它呼应，叫小畜。下卦乾为天，为阳卦，为健；上卦巽为风，为阴卦，为顺。阳健而阴顺从。阳爻居二、五中位，君子的意志得以推行，才通顺。浓云不下雨，云向上去了。自西面过来，雨未降下来。不雨，是指阴阳不匹配。施，布施降落。

《象》曰：风行天上，小畜。君子以懿文德。

乾下巽上，象征天在下风在上。风在天上吹，为小畜卦。君子观看此卦应该美化自己的文德。懿，懿美，美好。文德，道德的外在表现，即仪表、气质、语言、文章等。

初九，复其道，何其咎，吉。

回到自己的原来道路，安分守己有什么过错？吉利。

《象》曰：复其道，其义吉也。

回到自己的原来道路，它的本义是吉的。从爻位上看，初九处于被畜的下面，由于离六四较远，所以可以自我复行其道。

九二，牵复，吉。

被初九牵连着处在自己的中位上，吉利。

《象》曰：牵复在中，亦不自失也。

牵扯处在下卦的中位，自己也没有错失。

九三，舆说辐，夫妻反目。

车轮的辐条脱落了，车子坏了，象征夫妻失和。说，同"脱"。

《象》曰：夫妻反目，不能正室也。

夫妻反目，不能使家庭合于正道，就是不能齐家。从爻位上说，夫妻反目的意思与今天的有别，这里是反位的意思。指九三以阳处刚，为六四阴爻所乘，失去了家中在上的位置。

六四，有孚，血去惕出，无咎。

有诚信，受伤出的血洗去了，危险忧患离开了，无害。指六四以个人的力气畜止五阳，受到伤害出血，改变方法以诚信感动五阳，就无害了。惕，戒惧，忧虑。

《象》曰：有孚惕出，上合志也。

有诚信，危险忧患离去，是与九五志气相投的缘故。

九五，有孚挛（luán）如，富以其邻。

有诚信，相互紧密牢固结合，邻居六四也得到富裕，即得以畜止众阳。挛，互相牵连。

《象》曰：有孚挛如，不独富也。

诚信而相互紧密牢固结合，不独家富裕。

上九，既雨既处，尚德载，妇贞厉，月几望，君子征凶。

下雨过后雨止了，积德以满载为上。六四一阴畜五阳，已经达到目的，继续贞守下去有危险。月亮就要圆了，阴阳圆缺就要转化，君子征伐会招致凶险。

《象》曰：既雨既处，德积载也。君子征凶，有所疑也。

下雨过后雨止了，恩泽普降，德行积累满载了。君子出征凶，有所疑惑。指上九已经到顶，事极而反，对征伐这样的大事应该有所顾忌疑惑，不能轻举妄动。

十

履 卦

兑下乾上

综述：履，践，践行。主爻为六三、九五。阐述人在社会上的行为举止是否得当。履卦宗旨以柔为贵，以履柔为吉，以履刚为凶。意为出门在外，与人交往以谦卑和顺为贵。以柔弱外示，自守为上。初九，穿着朴素没有花色的鞋子出门，本色踏入社会，按自己的意愿做人，不会有错。九二，隐居君子心不自乱、幽静安恬，贞守得吉。九三，独眼、跛腿，反而认为无异于常人。这样的人如果妨害了他人，就会受到强烈回击，得凶。九四，踩到了老虎尾巴，心怀畏惧，最终是吉的。九五，以刚居刚，自任刚决，不复畏惧，坚持下去，必然危厉。上九，履行到终点，根据他履行职责的情况，考察评价他的优劣，圆满完备，得以大吉。此爻不以"履极而反"为终，而是看履行的结果定优劣，这是《周易》的变化不定灵活之处。

履，履虎尾，不咥（dié）人。亨。

履卦，踩着老虎尾巴，老虎不咬人。通顺。咥，咬。

《象》曰：履，柔履刚也。说而应乎乾，是以履虎尾，不咥

人，亨。刚中正，履帝位而不疚，光明也。

履卦，以阴柔踩在阳刚上。兑下乾上，兑为少女为阴柔为喜悦，而上应于乾，因此踩了虎尾，不咬人，通顺。九五阳刚居中而正，践行在帝位而没有歉疚之事，是坦荡光明的。说，通"悦"。

《象》曰：上天下泽，履。君子以辩上下，定民志。

兑为泽在下，乾为天在上，象征上天下泽，是履卦。君子因此分辨上下尊卑名分，决定人民的志向意愿。

初九，素履往，无咎。

穿着朴素的鞋子出门，无害。喻安分守己。

《象》曰：素履之往，独行愿也。

穿着朴素的鞋子出门，独行自己的心中志愿。初九为践行外出之初。

九二，履道坦坦，幽人贞吉。

走的大路平坦，隐居的人贞守是吉利的。

《象》曰：幽人贞吉，中不自乱也。

隐居之人贞守得吉，处中心不自乱的缘故。

六三，眇能视，跛能履，履虎尾，咥人，凶。武人为于大君。

独眼能看，跛脚能走，踩到老虎尾巴，老虎咬人，凶。武人应该去给天子做事情。

《象》曰：眇能视，不足以有明也。跛能履，不足以与行也。咥人之凶，位不当也。武人为于大君，志刚也。

独眼能看物，但不足以说是眼睛明亮。跛脚能走路，不足以与他出行。咥人之凶，地位与能力不相称。武人为天子所用，志向刚强，倒是可取的。此爻没有取六三柔处刚位，阴阳相济的意思，而是取了六三本为柔质，而强行用刚的意思。所以爻位象征的取舍，完全按表达思想需要而定，没有死的规定。

九四，履虎尾，愬愬终吉。

踩着老虎尾巴，很害怕，最终吉。愬愬，恐惧。

《象》曰：愬愬终吉，志行也。

害怕恐惧终得吉，志愿得以实现。

九五，夬履，贞厉。

刚猛果断地行走，贞守有危厉。夬，决断。

《象》曰：夬履，贞厉，位正当也。

刚猛果断地行走，有危厉，是因为以刚居尊位，居高临下，自专自决，无所顾忌。

履之九五是一个典型的反《周易》爻位规定的例子。《周易》的爻位常规是五爻居中得正，处于君位，阳爻处此，称为"九五之尊"。大有作为，大吉大利。但此卦恰好相反，处此危厉。说明孔子在解卦时绝不受爻位的限制，阐述自己的观点才是第一位的。

上九，视履考祥，其旋元吉。

审视履行情况，考察、评价其凶吉。圆满完备，大吉。考祥，考察、评价其凶吉。旋，圆满。

《象》曰：元吉在上，大有庆也。

大吉在上，大有喜庆。

十一
泰　卦

乾下坤上

综述：泰，通达，和畅。是天地与人类社会之间的交通和畅。主爻为九二、六五。此卦取"天地交而万物通也，上下交而其志同也"为义。所以六爻之中，相交之义重，以交不交论通塞。泰卦，天在下，地在上。人们历来颇为费解，这实际上是先贤辩证发掘天地关系的另一个方面的含义，就是我们日常说的"若要好，大做小"，方能得泰。初九，有志向外，需团结起来共同行动，才能得吉。九二，包容天下，过大江大河，远近不弃，不结朋党，推行中正之道。九三，无平不陂，无往不复。事情都是往复变化的，遇到艰难时刻要贞守诚信。六四，即使并不富裕，也要秉性淳朴，与人相处，诚信不设防。六五，顺应于君王、夫君，有福大吉。上六，泰极将否，城墙倒，国将不国，天命已乱，贞守有风险。

泰，小往大来，吉亨。

泰卦，小人往外去了，大人君子来居于内，吉，遍顺。乾，代表阳、大，在内卦；坤，代表阴、小，在外卦。

《象》曰：泰，小往大来，吉亨，则是天地交而万物通也，上下交而其志同也。内阳而外阴，内健而外顺。内君子而外小人。君子道长，小人道消也。

泰卦，小人往外去了，大人君子来居于内，吉，通顺。就是天气和地气交接，万物生长通顺；上下相交而且志趣相同。内卦是阳，外卦是阴；内卦刚健，外卦柔顺。内卦是君子，外卦是小人，君子之道成长，小人之道衰落。

《象》曰：天地交，泰。后以财成天地之道，辅相天地之宜，以左右民。

天气和地气相交接，为泰卦。君王用来制定符合天地自然的规矩，辅助天地自然所适宜的，而支配人民。后，君王。财，同"裁"，即裁定。

初九，拔茅茹（rú），以其汇，征吉。

拔出茅草，茅草与根相连，前进则吉。茹，根相连接。象征初九、九二、九三联动上进。征，前行。

《象》曰：拔茅征吉，志在外也。

拔茅草前进的吉，用意在于上进出外。

九二，包荒，用冯河，不遐遗，朋亡。得尚于中行。

包容广大荒远之人，用以过大江大河，不遗弃遐远的人，不结朋党。得以配合推行中正之道。包荒，用冯河，不遐遗，朋亡，被前人称为处泰之道。荒，荒远。冯河，徒步过河。尚，配合的意思。

《象》曰：包荒，得尚于中行，以光大也。

包容广大，得以配合推行中正之道，而发扬光大。

九三，无平不陂，无往不复，艰贞无咎。勿恤其孚，于食有福。

没有绝对平坦而没有坡的路，没有去而不回来的，艰难贞守没有祸害。不要忧虑诚信，对于食物是有福享受的。陂，通"坡"，倾斜。恤，忧。

《象》曰：无往不复，天地际也。

没有去而不回来的，是到了天地的分界线。指九三已经处在下卦乾与上卦坤的接合部了，阴阳快要转变了。

六四，翩翩不富以其邻，不戒以孚。

从爻位上说，坤卦的阴爻翩翩飞下与阳爻接合，它们相邻，都不富裕，不加戒备而保持诚信。不富，阴爻中间断开，不实，因此说不富。

《象》曰：翩翩不富，皆失实也。不戒以孚，中心愿也。

阴爻翩翩飞下与阳爻接合，因为都不实。不戒备而保持诚信，是心中愿意下去与阳爻接合。

六五，帝乙归妹，以祉，元吉。

帝乙下嫁女儿，因之祝福，大吉。帝乙，商代一个帝王的名字。商代帝王汤在妹妹出嫁时对妹妹说的话可以参考："无以天子之富而骄诸侯。阴之从阳，女之顺夫，天下之义也。往事尔夫，必以礼义。"以，以之，因之。祉，幸福。

《象》曰：以祉元吉，中以行愿也。

因之祝福大吉，中正而按愿望行事的缘故。

上六，城复于隍，勿用师，自邑告命。贞吝。

城墙坍塌在无水的城濠里，不要用军队，在采邑里布告命令。贞守不利。隍，无水的护城河。

《象》曰：城复于隍，其命乱也。

城墙坍塌在城濠里，它的天命乱了、要变了。上六处于泰极变否的形势下，无力回天了。

十二

否 卦

坤下乾上

综述：否，不通。主爻为六二、九五。否卦是讲天地不交，世情闭塞的。上卦三爻与下卦三爻都是相呼应的，但相应之爻的爻义都规定为不相交。处否之道如下。初六，在闭塞不通之时，只能团结贞守，才能得吉、顺利。六二，容忍承顺，小人能得吉，君子得不了吉。六三，小人包藏祸心，为人所不齿。九四，处在否转变为泰之初，有去除闭塞之志的君子没有祸害。做去否的准备工作，大家得福。九五，去除闭塞不通，大吉。但是要有危亡之忧，做好出事的防范。上九，在排除闭塞之际，会先有阻碍，后得成功喜悦。

否，否之匪人，不利君子贞。大往小来。

闭塞在于小人当道，不利于君子贞守。乾阳外去，阴小进入内部下卦。匪人，不是君子之人。

《彖》曰：否之匪人，不利君子贞。大往小来，则是天地不

交，而万物不通也。上下不交，而天下无邦也。内阴而外阳，内柔而外刚，内小人而外君子。小人道长，君子道消也。

闭塞在于小人当道，不利于君子贞守。乾阳外去，阴小进入内部下卦，是因为天气与地气不交接而万物不能通畅生存。上面和下面不交通，就会天下大乱，邦国危亡。内卦是坤卦，为阴卦为柔，外卦是乾卦，为阳卦为刚，表示内部柔而外部刚。小人在朝而君子在野，小人之道成长而君子之道消亡。

《象》曰：天地不交，否。君子以俭德辟难，不可荣以禄。

天气和地气不交接，是否卦。君子用崇尚俭德来避难，不可以铺张显示尊荣。辟，避。

初六，拔茅茹，以其汇，贞吉亨。

拔茅草把它们汇聚在一起，贞守才会得吉、通顺。拔茅茹，象征初六、六二、六三连在一起而上进的群体意识。

《象》曰：拔茅贞吉，志在君也。

连根拔茅草贞守的吉，是联系同志，抱团向上，立志为君主九五服务。

六二，包承，小人吉，大人否亨。

包容承顺，小人吉，君子不通顺。从爻位上说，六二阴爻居中得正，与九五相应，承顺于上，所以说小人吉。而君子处在阴长阳消之际，只能守否不通。否，不。

《象》曰：大人否亨，不乱群也。

君子不通，是阳爻不乱群与阴爻为伍的缘故。指不与小人一道，助长小人气焰。

六三，包羞。

包藏着可羞耻之心。

《象》曰：包羞，位不当也。

包藏着可羞耻之心，是因为处的位置不当。六三为阴，而三为阳位，所以说位不当。指六三由于位置不当，心中所谋虑的丑恶之事无所不至，实在可耻。

九四，有命无咎，畴离祉。

有天命，无害，同类得到福祉。畴，通"俦"，同类，指九四、九五、上九为阳类。离，通"丽"，附着的意思。祉，福。

《象》曰：有命无咎，志行也。

有天命无害，因为志向能得以实行。从爻位上说，九四处在闭塞已经过中将通顺之地，阳处阴位，无法极用其刚，只能无咎。又近君位，助君济否，如心所愿，所以说志行。

九五，休否，大人吉。其亡其亡，系于苞桑。

停止了不通的状况，有德有位的大人吉。因为君子有忧患意识，念念不忘灭亡、灭亡，做事情好像把东西捆绑在丛生的桑树上那样牢固可靠。苞，丛生。

《象》曰：大人之吉，位正当也。

大人的吉，是因为他的地位正当。九五阳爻，五为阳位、中位。

上九，倾否，先否后喜。

排除闭塞不通，开始不顺畅，后来成功有喜。

《象》曰：否终则倾，何可长也。

闭塞到头就倾覆了，闭塞怎么可能长久呢。

十三
同人卦

离下乾上

综述：同人，与人和同，上下相同，化不同为同。三爻为六二。前代儒家有说同人卦的六爻意思不能尽释卦的意思，原因是九三、九四、九五都是以战争实现和同。恐怕是他们以君子自居变得迂腐了，不能理解孔子及以前先贤对真实的社会本质的认识。和同、天下大同，从来都不会离开国家实力的较量。初九，与人在大门之外和同，没有坏处。六二，与宗族里的人和同，范围太小，有拉帮结派之嫌，不好。九三，与不和同的敌人打仗，敌人太强，三年打不起来。九四，爬到了城墙上，又停止了进攻，知困而返，得吉。九五，先是和同之路被阻碍，号啕大哭，后来又笑了。因为大军扫除了阻碍，与和同的人相遇了。上九，继续与人在郊外和同，因为天下大同的志向还未实现。这里上爻不取"物极必反"之意，因为与人和同，朋友越多越好。

同人，同人于野，亨。利涉大川。利君子贞。

与边远之人和同，通顺。利于渡大江大河。利于君子贞守。同人之道，利在君子贞守正道；小人其心不正，所同为结党营私、搞小圈子，不能与绝大多数人和同。

《象》曰：同人，柔得位得中而应乎乾，曰同人。同人曰，同人于野，亨。利涉大川，乾行也。文明以健，中正而应，君子正也。唯君子为能通天下之志。

同人卦，阴爻六二柔顺，得位得中，与乾相呼应，称为同人卦。同人卦说：与边远之人和同，通顺。利于渡大江大河，是乾有所作为的时候。下卦离为火，象征文明；上卦乾为健，文明而健，六二处中得正而与九五呼应，是君子之正。只有君子能通达天下臣民的意志。注意：此处说六二阴爻为君子之正，而不将阴爻作为小人。

《象》曰：天与火，同人。君子以类族辨物。

乾为天，离为火，合成同人卦。君子用来区分、分析、辨别事物的族类。

初九，同人于门，无咎。

在门外与人和同，没有祸害。

《象》曰：出门同人，又谁咎也。

出门与外人和同，谁又会归咎于他呢。

六二，同人于宗，吝。

在宗族内与亲近的人和同，不好。

《象》曰：同人于宗，吝道也。

在宗族内与亲近的人和同，是不好的羞吝之道。

九三，伏戎于莽，升其高陵，三岁不兴。

埋伏军队在密林里，登上高地，仗三年打不起来。

《象》曰：伏戎于莽，敌刚也。三岁不兴，安行也。

埋伏军队在密林里，敌人兵强。仗三年打不起来，怎么行动呢。从爻位上说，此卦只有六二为阴，众阳皆为其所吸引，九三乘阴条件最有利。但六二居中得正，上应于九五。所以九三要与九五兵戎相见，可是九三道理不正，有所顾忌，仗打不起来。安，疑问词。

九四，乘其墉，弗克攻，吉。

登上城墙，没有攻进去，吉。墉，城墙。

《象》曰：乘其墉，义弗克也。其吉，则困而反则也。

登上城墙，在道义上不能攻取。那个吉，是知困而返，回到正道上。从爻位上说，九四也想与九五抢六二，甚至军队已经爬上城墙准备进攻。最终因为刚居阴位，底气不足，知难而退。此句前一个"则"是语意转折，后一个"则"是原则规范的意思。

九五，同人，先号啕而后笑，大师克相遇。

与人和同时有阻隔，先号哭而后笑，因为大军战胜后相遇。大师，大军。

《象》曰：同人之先，以中直也。大师相遇，言相克也。

同人的先号啕而后笑，因为居中得正。大军相遇，说是战胜了。爻位上说，九五要与六二相见，必须先以大军征服九三、九四。"同人之先"，即同人先号啕而后笑的省略。这个句式是《周易》里常用的。

上九，同人于郊，无悔。

在郊外与人和同，没有悔恨。

《象》曰：同人于郊，志未得也。

在郊外与人和同，志向还没有实现。

十四
大有卦

乾下离上

综述：大有，盛大丰有。主爻为六五。以一个阴爻六五拥有五个阳爻象征大大地拥有。而六五又不取阴虚之象，取中虚不自满之象，用以说明不自满者才能大有；又提出大有之时，不自大其有的观点，认为大有是会招致灾难的，保持大有需要有好的人生观，大有是小人之害，为富不仁终会招灾。尽管富有，但要低调不张扬。所以下面四爻没有一句好话，无咎是大有的最好结果。再以上九天佑提出天子的大有是贤人的拥有、人才的拥有的观点。初九，大有之时，没有与人交通系应，搞小圈子的危害，就不是害。艰难处境没有害处。九二，得到六五君主的信赖，担负重任前进，没有危害。九三，自己富有，奉献给天子享受。小人则做不到，招致灾害。九四，不自大其所有，没有过于盛大，并且辩说明白，没有祸害。六五，心怀诚信与上下交往，有威望，吉。上九，归应于六五君主，得到君主的庇佑，吉，无不利。

大有，元亨。

大有卦，大通顺。

《彖》曰：**大有，柔得尊位大中，而上下应之，曰大有。其德刚健而文明，应乎天而时行，是以元亨。**

大有卦，阴爻六五为柔在尊位，处上卦之中，上下五阳爻跟它呼应，称为大有。乾为天在下，刚健；离为火在上，文明，大有的品德是刚健而文明。它跟天相应而按时运行，因此大通顺。大中，指在尊位又处中位。德，卦德，在《周易》里，阴阳中正不中正叫德，处中又正称为有德。

《象》曰：**火在天上，大有。君子以遏恶扬善，顺天休命。**

乾为天，离为火，象征火在天上，大有卦。君子以此制止奸恶、宣扬贤善，来顺应天道，求得美好的命运。休，美好。

初九，无交害，匪咎。艰则无咎。

没有小圈子里互相交通、系应带来的危害，不是害。处在艰难环境里，无害。

《象》曰：**大有初九，无交害也。**

大有卦的初九，没有与人交流沟通的危害。

九二，大车以载，有攸往，无咎。

用大车来运载，有所前进，无害。九二为阳爻，有刚健之才；居阴柔位，有谦顺之德，与六五正应，为六五所倚重。有被寄予厚望的"大车以载"之象。

《象》曰：**大车以载，积中不败也。**

大车运载，货物堆积在车中，再颠簸也不会倾覆失败。

九三，公用亨于天子，小人弗克。

大有之时，大臣将自己的财富献给天子享受，小人不能。公，尊称大臣的词，指九三。亨，古代无"享"字，当"享"字用。克，能。

《象》曰：公用亨于天子，小人害也。

大臣将自己的财富献给天子享受，小人做不到则有危害。意思是如果是阴爻处在三位，会专有自己的财产，不知道奉上之道，就有害处了。

九四，匪其彭，无咎。

不是盛大，没有害处。彭，盛大，盛多。指九四已经过中，又处在大有之时，极易盛大自满招致九五怀疑，发生问题。

《象》曰：匪其彭，无咎。明辩晰也。

不是盛大，没有害处。明确分辨清楚，不自大其所有。晰，明白。

六五，厥孚交如，威如，吉。

以诚信待下，上下互信，有威严，吉。厥，其，他。孚，有信用。交如，相知相交的样子。

《象》曰：厥孚交如，信以发志也。威如之吉，易而无备也。

以诚信相知相交，用诚信来表明他的志向。威如之吉，平易而没有戒备。

上九，自天佑之，吉无不利。

保佑来自天子，吉，没有不利。大有卦六五一阴拥有五阳，上九归因于六五，而六五柔顺居中，诚信尚贤，所以上九得到六五的庇佑。

《象》曰：大有上吉，自天佑也。

大有上九的吉，行为顺于天道而获得天子保佑。

十五

谦　卦

艮下坤上

综述：谦，谦虚。主爻为九三。朱熹说："谦者，有而不居之意。"有大者不可以盈，满盈就要发生变化，开始走向反面。治极则乱，盛极必衰。唯一避免衰乱的办法就是有而不居，保持谦虚。所以先贤极重视谦，认为谦最为有益而无害。六十四卦中别的卦都有悔吝凶咎，唯独谦卦下三爻皆吉，上三爻皆利。谦则亨，不必更有别的条件。谦，来自一个人的修养。程颐说："达理，故乐天而不竞；内充，故退让而不矜。"内充，内心充实。我们在现实社会中看到，一些精神贫乏的人反而骄矜，内心充实的人却谦逊，就是因为内心修养不一样。初六，有修养、有谦虚的品德，可以做大事，历艰难险阻。诸事皆吉。六二，已经名声在外的人，贞守谦虚才能得吉。九三，勤劳而又谦虚的人，做事有始有终，百姓佩服，吉。六四，举止谦虚，不会违反规则，做人做事没有不利的。六五，没有多少财富，但是谦虚品德得到上下拥护、信赖，去征伐不服从的国家，没有不利的。上六，名声在外而谦虚的人，有志未酬，有利于带兵打仗，征讨下面的有二心的大夫邑、诸侯国。谦卦的上爻，因为谦虚，就没有穷极之灾。

谦，亨。君子有终。

谦卦，通顺。君子有好结果。

《彖》曰：谦，亨。天道下济而光明，地道卑而上行。天道亏盈而益谦，地道变盈而流谦，鬼神害盈而福谦，人道恶盈而好谦。谦，尊而光，卑而不可逾，君子之终也。

谦卦，通顺。天道向下成就万物而光明，地道卑下而地气上升。天道损害满盈的而补益谦虚的，地道改变满盈的而流向谦虚的，鬼神损害满盈的而加福于谦虚的，人道憎恶满盈的而喜好谦虚的。谦虚，尊贵而光荣，处于卑位而不可超越，这是君子的终结。

《象》曰：地中有山，谦。君子以裒（póu）多益寡，称物平施。

艮为山在下，坤为地在上，象征地中有山，是谦卦。君子因此削多补少，称量财物，公平施与。裒，削减。

初六，谦谦君子，用涉大川，吉。

谦而又谦的君子，用来渡大江大河，吉。从爻象上看，初六处谦卦之始，又是柔而居下，所以说谦谦。

《象》曰：谦谦君子，卑以自牧也。

谦而又谦的君子，能用谦卑来自己管理自己。牧，管理。谦之至，不会有过失。

六二，鸣谦，贞吉。

宣传并身体力行谦虚，贞守得吉。

《象》曰：鸣谦，贞吉，中心得也。

宣传并身体力行谦虚，贞守得吉，心中得到了正道。六二居下卦之中，中正发于内心，德行散发于外部，为人所闻知，像是在鸣叫。

九三，劳谦，君子有终，吉。

勤劳而谦虚，君子有好结果，吉。

《象》曰：劳谦君子，万民服也。

勤劳而谦虚的君子，万民佩服他。

六四，无不利，㧑（huī）谦。

没有不利的，举止行为发挥着谦逊的美德。㧑，通"挥"，麾，施布。

《象》曰：无不利，㧑谦，不违则也。

举止行为发挥着谦逊的美德，无不有利，因为不违反法则规矩。

六五，不富，以其邻，利用侵伐，无不利。

不富裕是因为邻国的原因，用武力征伐，没有不利的。不富有，指六五阴爻，中间断开，象征不富裕。以，因为。

《象》曰：利用侵伐，征不服也。

利用他们去侵犯讨伐，征服不服从的国家。

上六，鸣谦，利用行师，征邑国。

宣传并身体力行谦虚，有利于用来带兵征伐大夫的邑、诸侯的国。

《象》曰：鸣谦，志未得也。可用行师，征邑国也。

宣传并身体力行谦虚，因为还没有得志。可以用于行军打仗，征伐邑国。

十六

豫 卦

坤下震上

综述：豫，豫逸，享乐。主爻为九四。安乐是好事也是坏事。处理好了便是好事，放任自流便成为坏事。社会不可无豫，人心不可有豫；百姓不可以无豫，君相不可以有豫。处豫不可以安、久，安、久则沉溺，安乐意味着忧患即将来临而已。豫的出现是因为顺时、顺势而动，刑罚清明而民服，经济大有，发动战争，封建诸侯，一统天下。然后作乐崇德，祭祀上帝和先祖，享受太平。这是艰苦奋斗后得来的享受。即使是这样，也要有度。初六，大肆宣传享受，得凶。六二，中正而行，当日事，当日毕，介守如石，得吉。六三，迷上享乐，心中有悔，迟疑不决，没有改正又后悔。九四，豫逸能怀柔人，五个阴爻都取悦于九四，不识大体的小人推波助澜，豫逸之心大行其道。六五，豫久腐败，疾病缠身，久拖不死。上六，纵欲享受而冥顽不化，不可能久长。迷途知返或可无咎，不然物极必反，灭亡无疑。

豫，利建侯行师。

豫卦，有利于带兵打仗，建功封侯。

《象》曰：豫，刚应而志行。顺以动，豫。豫顺以动，故天地如之，而况建侯行师乎！天地以顺动，故日月不过，而四时不忒。圣人以顺动，则刑罚清而民服。豫之时义大矣哉！

豫卦，一个阳爻为刚，五个阴爻为柔，柔为刚所吸引。刚柔相应，意志得以推行。坤在下为顺，震在上为动。顺而动，是豫卦。豫卦顺而动，如天地运行那样上动下顺，何况建侯行师呢！天地因顺而动，所以日月的运行不过头，四季的循环没有差错。圣人因顺而动，就刑罚清明，人民服从。豫卦的顺时而动的意义太大了啊！忒，差错。

《象》曰：雷出地奋，豫。先王以作乐崇德，殷荐之上帝，以配祖考。

坤在下震在上，象征雷出地动，是豫卦。先王因此制作音乐，尊崇功德，热情诚恳地供奉给上帝，并配献给祖宗。

初六，鸣豫，凶。

大肆宣传享乐，凶。从爻位上看，初六阴居阳位，不正；上应于九四主爻，为上所宠，享乐无所顾忌。

《象》曰：初六鸣豫，志穷凶也。

初六处于豫卦之初，大张旗鼓叫嚣享乐，志向穷凶极恶。

六二，介于石，不终日。贞吉。

攻石治玉，事情不到一天就做成了。

《象》曰：不终日贞吉，以中正也。

事情不拖到第二天，贞守得吉，因为行中得正。从爻位上看，二为中位、阴位，六二为阴爻，处阴位得正，处二位得中，所以说中正。

六三，盱豫悔，迟有悔。

向上望，迷上了享乐，有悔；改正迟疑不决又有悔。盱，张目企望，看着九四主爻的享乐。

《象》曰：盱豫有悔，位不当也。

向上望，迷上了享乐，有悔，这是因为处的位置不当。三位阳位，六三阴爻，位置不正。六三虽处阳位，但因为是阴爻，有能悔之义。

九四，由豫，大有得。勿疑，朋盍簪。

自由享乐，大有所得，众阴爻都来了。不用怀疑，朋友聚会。由，豫由九四而起。盍，合。簪，聚。

《象》曰：由豫大有得，志大行也。

自由享乐，大有所得，志向得到大推行。

六五，贞疾，恒不死。

守着疾病之身，虽久不死。

《象》曰：六五贞疾，乘刚也。恒不死，中未亡也。

六五疾病缠身，因为乘刚。六五居九四之上，为乘刚。恒不死，因为中气尚存，没有丧失中道。指六五处在中位上。

上六，冥豫，成有渝，无咎。

冥顽不化，昏昧于享乐，败亡已成，如果享乐腐化的局面有改变，则可无害。渝，变。

《象》曰：冥豫在上，何可长也？

在穷极之处的上位，还昏昧于享乐，怎么可能长久呢？不是灭亡就是改变享乐的风气，两者必居其一。

十七

随　卦

震下兑上

综述：随，随从，跟随。主爻为初九、九五。阳爻说随，是屈尊下贤以随柔；阴爻说系，是柔弱依附于阳刚。构成阴阳相从相随、上下相随的局面，实现稳定，消除对立。《杂卦传》说："随，无故也。"无故即天下太平无事。随之要义，在于得其正道，可随则随，不正则不能随。随从他人，不难，但随而当其时不容易做到。随非其人，凶险亦随到。初九，随之始，职能有改变，贞守正道吉利。出门结交，没有偏私，有功效。六二，随，只能随一头，不能两头随。随了小人，就会失去君子。六三，随丈夫，有求即得，安居贞守为好。九四，随九五君王有收获，收获过多，引起君王疑忌则凶。需要表明功不在自己，才能无咎。九五，信守真善美，得吉。上六，作为正道直行的君子，就是强行挽留也要他跟随。

随，元亨，利贞，无咎。

随卦，大通顺，有利于贞守，无害。

《彖》曰：随，刚来而下柔，动而说，随。大亨贞元咎，而

天下随时。随时之义大矣哉。

随卦，震为雷、为刚，在下；兑为泽、为柔，在上。刚来而居柔下，动而喜悦，为随卦。大通顺，贞守无害，天下万事万物都随时变化，随时的意义太大了啊！说，同"悦"。

《象》曰：泽中有雷，随。君子以向晦入宴息。

泽中有雷，是随卦。君子因此随时作息，在向晚时入室吃饭休息。

初九，官有渝，贞吉，出门交有功。

职能有改变，贞守正道为吉，出门结交朋友，有功效。官，职能。渝，改变。

《象》曰：官有渝，从正吉也。出门交有功，不失也。

职能有改变，遵从正道吉利。出门结交有功效，不失正道。

六二，系小子，失丈夫。

拴住了小子初九，失去了丈夫九五。初九在六二之下，相比邻，象征小子；九五君位，与六二相应，象征丈夫。

《象》曰：系小子，弗兼与也。

系住了小子，不能兼随丈夫。随，只能两者选一跟随。与，相互交好。

六三，系丈夫，失小子。随有求得。利居贞。

系住丈夫九四，失去了小子初九。跟随丈夫求有所得，有利于安居贞守。从爻位上看，九四没有呼应，六三与之阴阳比邻，一求即得。

《象》曰：系丈夫，志舍下也。

系住了丈夫，本来用意就是舍下从上。

九四，随有获，贞凶。有孚在道，以明，何咎？

相随九五出外有收获，但长期守此不变是凶险的，因为九四阳处阴位，会引起九五的猜疑。有诚信走正道，加以说明，有什么害处?

《象》曰：随有获，其义凶也。有孚在道，明功也。

随九五出去有斩获，近君之人而有获得，不免引起猜忌，它的本义就是凶的。有诚信走正道，表明功劳不是自己的。

九五，孚于嘉，吉。

诚信又择善而行，吉利。嘉，善的意思。

《象》曰：孚于嘉，位正中也。

诚信又择善而行，因为位置得正居中。

上六，拘系之，乃从维之。王用亨于西山。

拴住他，又从而说服维系他。王派他去祭祀岐山。拘，拘禁。维，维系。上六已经到了物极必反之时，随从变为离散。所以九五君王要用拘留的方法留住他，重用他去祭祀。

《象》曰：拘系之，上穷也。

拴住他，因为上头没有其他办法了。

十八

蛊 卦

巽下艮上

综述：蛊，生虫，指生出坏事。主爻为六五。苏轼说："器久不用而虫生之，谓之蛊；人久宴溺而疾生之，谓之蛊；天下久安无为而弊生之，谓之蛊。""蛊之灾，非一日之故也。必世而后见，故爻皆以父子言之。"引申为局面败坏。自古以来，治理必从坏乱就开始。六十四卦里，只有此卦规定阴阳刚柔不相交，上下不相接，相互隔绝而百弊丛生，象征蛊坏。卦辞说，治理蛊坏是好事，大大的通顺。但要深思熟虑，以此教化人们，培育人们的道德素质。治蛊之道：初六，开始治蛊，治理父亲造成的败坏局面，使得父亲不被人们骂。虽然有危厉，但意在传承父亲的事业，最终吉利。九二，治理有权有势的母亲造成的坏局面，不可操之过急，要中道而行。九三，治理父亲造成的败坏局面，有小悔，终无灾祸。六四，放松改变父亲造成的坏局面，去做其他事情都不会有所得。六五，改变父亲造成的坏局面，要传承他的道德，要用赞誉的方法，使父亲不失去好名声。上九，洁身自好，从事自己高尚的事业，是处在蛊坏时代的做人原则。

蛊，元亨，利涉大川。先甲三日，后甲三日。

蛊卦，大大通顺。有利于渡涉大江大河。治理蛊坏，需在多日前谋划，事毕多日后反思总结。甲，事之始，事之端。三，泛指多的意思。

《彖》曰：蛊，刚上而柔下，巽而止，蛊。蛊，元亨而天下治也。利涉大川。往有事也，先甲三日，后甲三日，终则有始，天行也。

蛊卦，阴卦巽在下为谦逊，阳卦艮在上为停止。巽谦艮止，止于谦逊，称为蛊卦。蛊卦，大大通顺而天下治平。有利于渡涉大江大河。前往有事情，事先多日谋划，事后多日总结。有终就有开始，这是天道运行的规律。

《象》曰：山下有风，蛊。君子以振民育德。

巽为风在下，艮为山在上，象征山下有风，风遇到山而回旋，是蛊卦。君子用来教化提振人民的精神面貌，培育他们的德行。

初六，干父之蛊，有子，考无咎，厉终吉。

治理改变父亲留下的败坏局面，说明后继有子，父亲就无咎了。即使有危厉，最终是吉的。干，干犯的意思，这里指改变、治理。考，父亲。

《象》曰：干父之蛊，意承考也。

治理改变父亲留下的败坏局面，意在继承父亲的事业。

九二，干母之蛊，不可贞。

治理改变母亲留下的败坏局面，不可以坚持断然实施，当顺入治理。九二阳刚，不当位；母亲柔而居尊，故不可操之过急。

《象》曰：干母之蛊，得中道也。

治理改变母亲留下的败坏局面，处中正之道，不能不治理，也不能断然治理。九二居下卦之中，故称得中道。

九三，干父之蛊，小有悔，无大咎。

治理改变父亲留下的败坏局面，虽有小悔，但没有大害。

《象》曰：干父之蛊，终无咎也。

治理改变父亲留下的败坏局面，最终无害。

六四，裕父之蛊，往见吝。

放松治理父亲造成的败坏局面，前进将遇到困难。裕，放松。

《象》曰：裕父之蛊，往未得也。

放松治理父亲留下的败坏局面，前往做其他事情就得不到什么结果。

六五，干父之蛊，用誉。

治理改变父亲造成的败坏局面，用赞誉掩盖差错的办法。

《象》曰：干父用誉，承以德也。

治理改变父亲造成的败坏局面，用赞誉的方法，以提倡弘扬道德风尚来继承。

上九，不事王侯，高尚其事。

局外之人，非当事之人，用不着去侍奉王侯，而应该保持自己高尚的志向，做自己的事情。

《象》曰：不事王侯，志可则也。

不侍奉王侯，志向可作为处蛊时期的法则、规则。

十九

临　卦

兑下坤上

综述：临，君临天下。主爻为初九、九二。如何君临天下，孔子的主张是"教思无穷，容保民无疆"。君临天下，君主要端正几种认识。初九，持心端正，坚持不懈地感化民众，吉。九二，感化那些还未顺从听命的人民，凡事皆吉。六三，甜言蜜语对待人民，不会得利。如果忧心于民生则无害。六四，直面人民，无害。六五，君主最好以智慧君临天下，善取天下之能，善任天下之明。上六，笃诚敦厚地对待人民，吉而无害。此卦上爻无至极而反的意思，因为亲临民众越频繁、距离越近越好。

临，元亨利贞，至于八月有凶。

临卦，大通顺，有利于贞守。到了八月有凶险。八月，泛指，意思是大通顺总有转变的时候，元亨利贞也不可能是永久的，一段时间后也要向反面转化。八月只是教人要事先预料到凶险。汉代有人对八月有个繁杂的推算，本书不取。

《彖》曰：临，刚浸而长，说而顺，刚中而应，大亨以正，天之道也。至于八月有凶，消不久也。

临卦，底下二爻是阳爻，象征阳刚渐渐生长。临卦下兑上坤，兑是悦，坤是顺。喜悦而顺畅。下卦兑的中爻九二是阳爻，为刚；上卦坤的中爻六五是阴爻，为柔，刚柔相应。所以说刚中而应。大通顺而正，这是天道。至于八月有凶险，阳长阴消不会长久，会有反复。浸，渐渐的意思。

《象》曰：泽上有地，临。君子以教思无穷，容保民无疆。

坤为地在上，兑为泽在下，象征泽上有地，可以在地上临看下面的水泽，是临卦。君子因此以教民为念，思考没有穷尽；容纳保护人民没有止境。临，上看下叫临，人事上引申为察看、巡视下属。疆，界限。

初九，咸临，贞吉。

用感化的态度对待民众，贞守得吉。咸，古代"感"字，这里指感化。

《象》曰：咸临贞吉，志行正也。

以感化对待人民，贞守得吉。因为君主的意志行动都端正。

九二，咸临，吉无不利。

用感化、温和政策治民，吉而没有不利的。

《象》曰：咸临，吉无不利，未顺命也。

用感化、温和政策治民，吉而没有不利的，因为人民还没有从心底里顺从君上的命令。

六三，甘临，无攸利。既忧之，无咎。

用甘言好话治民，没有什么好处。既而担心人民疾苦，没有害。

《象》曰：甘临，位不当也。既忧之，咎不长也。

用甘言好话治民，是因为位置不当。既而有忧患之心，有害也不会长久。六三阴爻处阳位，下乘阳爻，与上六敌应，所以说位不当。

六四，至临，无咎。

亲自到场看望民众，没有害。

《象》曰：至临无咎，位当也。

亲自到场看望民众，没有害，这是因为地位适当。六四处大臣之位，阴爻居阴位，与初九有应，所以当位。

六五，知临，大君之宜，吉。

用智慧来治民，君王是应该这样做的，吉。从爻位上说，六五中虚，与九二相应，有不任自己而任用他人之象，所以说知临。大君，君王。

《象》曰：大君之宜，行中之谓也。

君王宜于做的，说的是行于中道。指六五居中位，行为不过头也无不及。

上六，敦临，吉无咎。

用厚道来治民，吉，无害。

《象》曰：敦临之吉，志在内也。

用厚道来治民的吉，敦厚存在于内心。临卦没有过极而反的说法，因为临民是不会过极的。说明先贤因事理而教人，不拘泥于程式。

观　卦

坤下巽上

综述：观，巡视观察。主爻为九五、上九。此卦认为最大的观应该在于君王，处中正之道为天下观摩仿效。这样就会像风吹过地面一样，迅速传播开来。孔子总结了几种观察世界、社会的方法。初六，像幼稚儿童一样观察世界，下面的民众这样观察没关系，但是君子如此观察社会就有害了。六二，像女人那样在门里面偷偷观察，这样有利于女子贞守家中，但是不太光彩。六三，观察自己的人生进退以想见社会上他人的遭遇。这不失为一个方法。六四，在君王底下的人，观察国家的盛大光辉，并利用它作为进阶到君王座上宾的路子。六五，处于君主之位，想观民之德行如何，只要观察自己的德行就够了。上九，观察君王治下的百姓，忧国忧民之志难平。

观，盥（guàn）而不荐，有孚颙（yóng）若。

观卦，洗手过后不急于荐献祭品祭祀神灵和祖宗，有诚信地仰望上天，若有神在。盥，洗。荐，举起奉献。颙，严肃仰望。

《彖》曰：大观在上，顺而巽，中正以观天下。观，盥而不荐，有孚颙若，下观而化也。观天之神道，而四时不忒，圣人以神道设教，而天下服矣。

大观在于上位的君王，坤为顺，巽为谦逊，顺而谦逊，处于中正之位观察天下。观，洗手过后不急于荐献祭品祭祀神灵和祖宗，有诚信地仰望上天，若有神在，使下面的臣民观察而受到感化。观察天的至神之道，四季运行没有差误。圣人用神道来设置教化，天下百姓就会服从。神道，微妙莫测的神明之道，亦即无言无语的自然界的运动变化现象。天地阴阳，变化多端，奥妙无穷，好像有一种什么意志在主宰。

《象》曰：风行地上，观。先王以省方，观民设教。

坤为地，在下；巽为风，在上。象征风行地上，是观卦。先王因此而巡视邦国，观察人民，设置教化。省，察看，检查。方，方圆范围，这里指邦国。

初六，童观，小人无咎，君子吝。

像儿童那样观察社会，没有远见，对小人物无害，对君子来说，则是羞吝之事。

《象》曰：初六，童观，小人道也。

初六，像儿童那样观察社会，是小人物的观察方法。

六二，窥观，利女贞。

偷偷一闪而过的观察，有利于女子贞守家中。窥·闪，偷看。从爻位上说，六二阴爻处下卦之中，有向外看之象。

《象》曰：窥观女贞，亦可丑也。

贞守家中的女子偷偷一闪而过的观察，也是现彐、不光彩的。

六三，观我生进退。

观察自己的进用或退斥。六三处下卦之上，上卦之下，有进退之象。

《象》曰：观我生进退，未失道也。

观察自己的进用或退斥，没有失去观察的方法。

六四，观国之光，利用宾于王。

观察王国的盛德光辉，有利于作为君王的座上宾而仕进。宾，古代贤人，君王当作宾客礼遇。

《象》曰：观国之光，尚宾也。

观察王国的盛德光辉，君王喜欢礼遇贤人作为宾客。

九五，观我生，君子无咎。

观察自己的生存状况和环境，就可以使君子不犯错。

《象》曰：观我生，观民也。

观察自己的生存状况、国家治乱、风俗美恶，就能观察到人民的生存环境和状况。

上九，观其生，君子无咎。

观察治下的百姓，就可以使君子不犯错。其，指九五之尊，上九在上观察九五的行为、德行。

《象》曰：观其生，志未平也。

观察君王治下的百姓，自己心中也难以平静。

震下离上

综述：噬嗑，咬合。噬，咬；嗑，合。咬嚼吃东西。主爻为六五。王夫之说："噬嗑，强不合而合之。"强使不合而合之，就必须除掉间隔梗阻。《周易》把口中有物，必须咬噬而后才能合拢的道理应用于社会，象征国家要太平必须用强有力的刑罚惩处奸恶的梗阻。初九，对违法的人，要止于小、止于初，免得仿效蔓延。六二，用刑深严之象，皮开肉绽，甚至用力深咬得没过了鼻子。六三，难啃的腊肉，有毒，咬它有小危险，也要啃，啃了无害。九四，啃最难啃的带有金箭头的有骨头的干肉，只要刚健直行，得吉。六五，啃干肉，只要坚持中道行事，执法刚强而心怀危惧，谨慎从事，就无害。上九，对怙恶不悛之徒，用重刑。

噬嗑，亨。利用狱。

噬嗑卦，通顺。有利于使用诉讼刑狱。

《彖》曰：颐中有物曰噬嗑。噬嗑而亨，刚柔分，动而明，雷电合而章，柔得中而上行，虽不当位，利用狱也。

口中有物叫噬嗑。噬嗑咬断后而通顺。震为阳卦，为刚；离为阴卦，为柔。刚柔分列，象征是非明辨。震为动；离为火，火明。动而明亮，象征明察细微。震为雷，离为电。雷电合击，彰显威严。刚上柔下是《周易》的设定，柔本在下，居五位称为上行。柔得中而上行，上卦的中爻是阳位，却是阴爻。虽然不当位，却利于诉讼刑狱。因为六五为主爻，阳爻阳位则过于严暴，阴爻阳位则得刑狱宽严之宜。颐，口。

《象》曰：雷电噬嗑。先王以明罚敕法。

雷电合击，象征噬嗑。先王因此申明刑罚，颁布法律。敕，帝王的诏书命令。

初九，屦（jù）校（jiào）灭趾，无咎。

拖着脚枷，遮住脚趾，无害。屦，用作动词，脚上有东西。校，古代刑具的总称。

《象》曰：屦校灭趾，不行也。

拖着脚枷，遮住脚趾，不能行走。从爻位上看，初九阳处刚位，过刚容易生事。而由于在初位，罪孽过小，意旨要止恶于小于初。

六二，噬肤灭鼻，无咎。

像咬肉一样割掉犯人的鼻子，使其不再犯大错。

《象》曰：噬肤灭鼻，乘刚也。

像咬肉一样割掉犯人的鼻子，乘刚的缘故。指六二乘在初九阳爻之上。六二为执刑之人，居中，对于一般违法之人，像咬没有骨头的肉那么容易；而对于蛮横的违法者初九，则加重处罚到了"灭鼻"的程度。

六三，噬腊肉，遇毒，小吝，无咎。

咬腊肉，碰到毒，小不顺，没有很大的麻烦。

《象》曰：遇毒，位不当也。

遇毒，因为位置不当。六三是阴爻，三是阳位，阴处阳位，故说位不当。自处不当而用刑于人，人不服，反被冒犯顶撞，所以说啃了难啃的腊肉，有毒恶之味。

九四，噬干胏（zǐ），得金矢，利艰贞，吉。

啃带骨头的干肉，吃到金箭头这样无法咬断的东西，艰难贞守有利，吉。胏，有骨头的难啃的干肉。九四是近君重臣，所办为疑难重案。金象征刚，矢象征直，比喻九四得刚直之道，能坚持执行讼狱刑罚，得吉。

《象》曰：利艰贞吉，未光也。

利于艰难贞守，吉，刑治还没有影响广大。

六五，噬干肉，得黄金，贞厉，无咎。

咬干肉，吃出黄金，坚持吃下去有危厉，但无害。六五处中位为阳位、刚位，且得到九四阳刚大臣的辅佐，所以无害。

《象》曰：贞厉无咎，得当也。

贞守危厉无害，是因为处置得当。六五处上卦的中位，所以得当。

上九，何校灭耳，凶。

扛着遮住耳朵的枷具，凶。何，通"荷"，即担于肩上。

《象》曰：何校灭耳，聪不明也。

扛着遮住耳朵的枷具，耳朵听不清楚了。也象征由于不听教育劝告而犯罪。从爻位上说，上九在卦之上，过极之阳，罪恶极大，得凶。

二十二

贲　卦

离下艮上

　　综述：贲，文饰。主爻为六二、上九。这里提出了形式与内容、现象与本质的关系问题以及一个社会的文与质的问题。文饰之道，可以增其光彩。文，即思想意识形态、精神文明的事情；质，即物质文明的事情。人类社会为什么要有文采，因为天地宇宙刚柔交错，有文采。朝阳、晚霞、电闪雷鸣、雨后彩虹，不一而足，都是天地的文饰。百姓的生活也需要文采，要多姿多彩，不能只是劳作、劳作，没完没了地劳作。那样的话，人生一点情趣都没有了。初九，文饰在脚上，放弃乘车而徒步走路。指出了人民生活中是需要文饰的。六二，文饰胡子，与脸孔相配。说明了文当从质的主张。文必须附着于质，文不能替代质。九三，文饰得很盛、润泽充盈，是最高层次的文饰。长久坚持，大吉大利。六四，文饰过头，就有崇质返素之心。婚嫁时以朴素的白色为文饰。六五，君主在野外山丘田园文饰，只拿出少量的丝帛，吝啬但是最终得吉。上九，物体的本色也是文饰，无饰成了有饰。返璞归真，达到文饰的最高境界。

贲，亨。小利有攸往。

贲卦，通顺。小利于有所前往。

《彖》曰：贲亨，柔来而文刚，故亨。分刚上而文柔，故小利有攸往。刚柔交错，天文也。文明以止，人文也。观乎天文，以察时变。观乎人文，以化成天下。

贲卦通顺，离为阴卦，为柔，艮为阳卦，为刚，柔来文饰刚，所以亨通。"分刚上而文柔"，不是说刚去文饰柔，而是说刚为质，柔为文，如果柔文饰过盛，势必打破刚与柔的文饰平衡，需要分出刚去弥补刚与柔之间的缺口。上九为阳，需要最终补救过分文饰的柔而艮止于上，所以结果只能是小利有所往。离为阴，艮为刚，刚柔交错，是天的文采。离为文明，艮为止，文明而止，是人的文采。观察天文来考察四时的变化，观察人文用来感化天下人心。

《象》曰：山下有火，贲。君子以明庶政，无敢折狱。

离为火在下，艮为山在上，象征山下有火，是贲卦。君子用来考察各项政事，不敢判案断狱。

初九，贲其趾，舍车而徒。

文饰他的脚，放弃车子不坐而徒步走路，以显示脚的美。

《象》曰：舍车而徒，义弗乘也。

因为脚上文饰漂亮，宁可放弃车子不坐，徒步往前走，以显示脚的美。不乘车是合宜的。义，宜的意思。

六二，贲其须。

文饰他的胡须。

《象》曰：贲其须，与上兴也。

文饰他的胡须，跟着上面九三一起兴起。六二与九三比邻，阴阳相配，以胡子与脸颊的关系比喻文与质的关系。

九三，贲如濡（rú）如，永贞吉。

文饰得很盛、润泽充盈，文采华丽鲜艳，长期贞守得吉。濡，浸湿。如，如同……的样子。从爻位上说，九三上下各有一个阴爻文饰它，上下交贲，所以有濡如之象。

《象》曰：永贞之吉，终莫之陵也。

长期贞守得吉，始终没人能凌辱自己。

六四，贲如皤（pó）如，白马翰如，匪寇婚媾。

文饰洁白，毛色纯洁的白马飞驰而来，不是盗寇，是来迎娶婚嫁的。皤，白色。翰，长毛的马。六四与初九正应，初九本当文饰，但因为九三文饰太盛，无法超过，所以不文饰，只以素白来迎娶六四。

《象》曰：六四，当位疑也。匪寇婚媾，终无尤也。

六四，怀疑自己所处得不得当。因为虽然六四与初九正应，可下有九三与六四阴阳相比，所以自己产生是不是上门来寻事的怀疑。不是盗寇，是来迎娶婚嫁的，最终不会有可忧的事情。

六五，贲于丘园，束帛戋（jiān）戋，吝，终吉。

结彩装饰丘坂园圃，用上几束微少的帛，吝啬，最终吉。丘园，上卦为艮山，所以六五所居有丘园之象。戋戋，细小的。

《象》曰：六五之吉，有喜也。

六五的吉，是因为心中有喜庆。因为遂了崇朴返质的心愿。

上九，白贲，无咎。

本色也是文饰，没有害处。

《象》曰：白贲无咎，上得志也。

本色也是文饰，无害，上九的人生志向得以实现。

二十三

剥　卦

坤下艮上

综述：剥，剥削，剥落。《周易》卦辞里，开门见山直接说不好的，唯此一卦，显示的是一幅末世乱象。主爻为上九。阴剥阳，阴盛阳消。剥卦描绘的是一幅君主身边的宵小各谋私利，自下而上剥落君主的景象。初六，去掉床足。六二，去掉床辨。六三继续剥削，因为床已经在地上了，没有高低了。六四，去掉床让人的皮肤紧贴地面。六五，风气败坏无以复加，鱼贯入宫争宠，没有不得利的。上九，硕果仅存，无可再剥。剥至极处，小人得志，天下百姓的房屋都被剥落殆尽。

剥，不利有攸往。

剥卦，不利于有所前往。

《彖》曰：剥，剥也，柔变刚也。不利有攸往，小人长也。顺而止之，观象也，君子尚消息盈虚，天行也。

剥卦，剥落，衰败，凋谢。剥卦一阳爻，五阴爻，阳刚孤而阴柔盛。柔要剥削变革刚。不利有所前往，是因为小人势盛猖狂。坤为顺，艮为止，坤顺艮止。要顺时、顺势而止之。观察卦象，君子看重、崇尚事物的消长盈虚，因之行动，这是天道规律。变，变革的意思。

《象》曰：山附于地，剥。上以厚下安宅。

坤为地，艮为山，山附着在地上，剥落之象，为剥卦。在上位的只有厚固下民才能安其居。

初六，剥床以足，蔑贞凶。

剥落床的脚，坚持剥灭下去是凶的。蔑，灭，没。

《象》曰：剥床以足，以灭下也。

去掉床的脚，是毁灭下面的基础。

六二，剥床以辨，蔑贞凶。

剥掉床辨，坚持剥下去得凶。辨，床上分隔上下的横档，床板搁其上。

《象》曰：剥床以辨，未有与也。

去掉床辨，床板就没有支撑帮助了。与，这里指参与支持。

六三，剥之无咎。

去掉它没有害。床已无脚无腿，成了废物，再剥也没有什么大不了的了。

《象》曰：剥之无咎，失上下也。

去掉它没有害，没有上下之分了。

六四，剥床以肤，凶。

去掉床让人的皮肤紧贴地面，凶。

《象》曰：剥床以肤，切近灾也。

去掉床让人的皮肤紧贴地面，切近于灾难了。

六五，贯鱼，以宫人宠，无不利。

近臣弄权，带着下面四个阴爻，鱼贯入宫，因宫人而得宠，没有不利的。

《象》曰：以宫人宠，终无尤也。

因宫人得宠，最终没有可忧的。

上九，硕果不食，君子得舆，小人剥庐。

上九一阳在上，如同硕果仅存，众小人无法再剥了。再剥下去，君子还能得到车子坐，小人得势，天下百姓都会被剥落殆尽。

《象》曰：君子得舆，民所载也。小人剥庐，终不可用也。

君子得到车子，因为百姓承载着。小人得势，天下百姓都会被剥落殆尽。

二十四

复 卦

震下坤上

综述：复，复始。指上一卦阳被剥尽而恢复生于下，从下往上生长。主爻为初九。自然规律反复来来往往，阴阳对立统一，阴阳消长盈虚是自然规律。阴阳消长，有进就有退，有退就有进。此卦教育人们借鉴自然规律，知错能返。道出了复卦的几种类型。初九，错得不远就能改正返回，没有大的悔恨，接受教训，用以修身，大吉。六二，美好地回来，是以仁为上，听别人的批评指正，改错修身，得吉。六三，反复错，反复改，频繁犯错是危险的，但屡次都改则是无咎的。六四，行到半路上自己知错而改，遵从正道。六五，生性敦厚，出了差错，自己考查认识到了，改正，没有悔恨。上六，沉迷于错误不知复返，凶，有灾难。如果是行军打仗，则大败而回，国君凶，多年不能再出征。

复，亨。出入无疾。朋来无咎。反复其道，七日来复，利有攸往。

复卦，通顺。出入无妨。朋友来没有害。在路上来去，七天打一个来回，利于有所前往。出入无疾，指阳气开始恢复，出入都无害处。朋来无咎，同类的阳爻朋友来而无害。七日，泛指事物的有往必复的周期。

《彖》曰：复，亨，刚反，动而以顺行。是以出入无疾，朋来无咎。反复其道，七日来复，天行也。利有攸往，刚长也。复，其见天地之心乎。

复卦，通顺。内卦为震，为阳为刚，刚返回到内卦。震为动，坤为顺，动了而顺着自然规律运行。因此出入无妨，朋友来了无害。在路上来去，七天打一个来回，是天道的运行。利于有所前往，是因为刚在生长。初九是阳爻，故说刚生长。复卦，不是见到天地物极必反、有往必复的心了吗。

《象》曰：雷在地中，复。先王以至日闭关，商旅不行，后不省方。

震为雷在下，坤为地在上。象征雷在地中，是复卦。先王因此在冬至日关城门，商人旅客不出行，君主不出外巡视诸侯国。后，君主。省，巡察。方，方面，指诸侯国。

初九，不远复，无祗（qí）悔，元吉。

错得不远就回来，没有大的后悔，大吉。祗，大。

《象》曰：不远之复，以修身也。

错得不远就回来，用来修身。指人犯了错误才会成长。

六二，休复，吉。

美好地回来，吉。休，美好。

《象》曰：休复之吉，以下仁也。

美好地回来的吉，因为愿在仁的名义下，听别人的批评指正，修身改错。仁，为天下至公，善之根本。

六三，频复，厉无咎。

频繁犯错频繁改正，重新开始，有危厉，但无害。

《象》曰：频复之厉，义无咎也。

频繁犯错、频繁改正的危厉，因为知错能改，应该是无害的。

六四，中行独复。

行到半路上独自回来。

《象》曰：中行独复，以从道也。

行到半路上独自回来，因为遵从正道、善道。

六五，敦复，无悔。

敦厚地回来，没有悔恨。

《象》曰：敦复，无悔，中以自考也。

敦厚地回来，没有悔恨，心中用正道来自我考察、要求自己。

上六，迷复，凶。有灾眚，用行师，终有大败。以其国，君凶，至于十年不克征。

迷失道路，沉迷不知回来，凶。有灾殃，用于行军打仗，最终有大败。国君用它来治理国家，国君凶，以至于十年不能出征。眚，灾难，自作之灾叫眚。十年，泛指，指以后不能出征了。克，能。

《象》曰：迷复之凶，反君道也。

沉迷不知回来的凶，违反了君子之道。

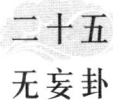

二十五
无妄卦

震下乾上

综述：无妄，没有虚妄。主爻为初九、九五。程颐兑："无妄者，至诚也。至诚者，天之道也。天之化育万物，生生不穷，各正其性命，乃无妄也。人能合无妄之道，则所谓与天地合其德也。"初九，为人本色实在，没有虚假，所往皆得志。六二，安分做事，没有非分之想的人，外出做事有利。六三，诚实无妄者会有意外的无妄之灾。瓜田李下，至诚之人要提防这种无妄之灾。九四，坚守正道，无咎。九五，来自外部的无妄之疾，不能乱吃药，疾病会自愈。上九，处事诚实无妄，守此道不必另有行动，否则无所利而生灾。

这一卦值得玩味的是真实、没有虚妄也会有灾害。其中有四爻没有得到"真实无妄"的好处，反而有害处。即无妄之灾、无妄之疾、无妄之药、无妄之行。上爻还指出无妄过头了有灾。

无妄，元亨利贞。其匪正有眚，不利有攸往。

无妄卦，大通顺，有利于贞守。他的行为不端正，有灾祸，不利有所前往。匪，非。

《彖》曰：无妄，刚自外来而为主于内，动而健，刚中而应，大亨以正，天之命也。其匪正有眚，不利有攸往，无妄之往，何之矣？天命不佑，行矣哉。

无妄卦，刚从外来，成为内卦的主爻，指下卦震的主爻初九。震为动，乾为健，动而健。九五为阳爻，为刚，居中，六二为阴爻，为柔，居中，刚居中位而与柔相呼应。因为正而大通顺，这是天命。他的行为不端正，有灾祸，不利有所前往，无妄的行进，到哪里去呢？妄行是天命不保佑的，还是不要行了吧。无妄之往，意思是既已经无妄了，就不可以再前往了，过头了就变成妄了，是天命不佑的，所以又说不利有所往。

《象》曰：天下雷行，物与无妄。先王以茂对时育万物。

乾为天在上，震为雷在下，天下雷行，万物随着雷的轰鸣而生长，运动，发展，并无差妄。先王因此勉励人们顺应时节，按时培育万物。与，与之一起。茂，勉励。对，针对，顺应。

初九，无妄，往吉。

为人没有虚妄，前往得吉。

《象》曰：无妄之吉，得志也。

为人没有虚妄的吉，意志得以实现。

六二，不耕获，不菑（zī）畲（yú），则利有攸往。

不是耕种了就想收获，不指望刚开垦的荒地马上成为熟地，则有利于外出做事。菑，开垦出来才一年的田。畲，已经开垦种过的熟地。

《象》曰：不耕获，未富也。

不是耕种了就想收获，不是为财富。未，非，不是。指六二居中得正，没有非分之想。

六三，无妄之灾，或系之牛，行人之得，邑人之灾。

意外的灾难，有人把牛拴在外面，过路人把牛牵走了，邑人却遭了灾，牛的主人怀疑同邑人偷了牛。这一爻的意思是同邑的邻居没有偷牛，这件事是真实的。但被牛主人怀疑偷牛，邻居的灾就称为无妄之灾。

《象》曰：行人得牛，邑人灾也。

过路的人牵走牛，是邑人的灾难。从爻位上说，六三阴爻处刚，不中不正；又处于下卦震体之极，不能不动，以至于妄行，所以有无妄之灾。

九四，可贞，无咎。

可以贞守，无害。九四以阳刚居上卦乾卦之下部，上面是九五，不能再上进了，止于其所当止，所以说"可贞，无咎"，可贞是固守不动的。

《象》曰：可贞无咎，固有之也。

可以贞守无害，固有之义。

九五，无妄之疾，勿药有喜。

来自外部而不是生于内部的疾病，不吃药也会好的。从爻位上说，九五居中得正，本身没有疾病，只是外来的无妄之疾，所以不用吃药。

这一爻的理解应同于六三，九五无病，但外人认为他有病，要叫他吃药，这就是无妄之疾，那药就叫无妄之药。

《象》曰：无妄之药，不可试也。

无故而来的药，不可试用。

上九，无妄，行有眚，无攸利。

没有虚妄，出去做事有灾害，没有好处。上九已经到了"无妄"之极，所以不能行动，行动则过头成为虚妄。

《象》曰：无妄之行，穷之灾也。

事至于极而向反面转化的行动，有道穷碰壁的害处。不可以再行动。

二十六
大畜卦

乾下艮上

综述：大畜，大有聚畜。主爻为六五、上九。上卦艮止畜下卦乾。大畜包含好几种意思：个人集聚道德修养，国家集聚人才；畜还有止的含义，因为止住了才能聚集、增长；大畜更有畜而待时的意思，《杂卦传》说"大畜，时也"，值得我们更深一层去理解。初九，处于危险境地，停止不动有利。停止就是不去触犯灾难。九二，车坏了突然停止，自止不进，不会有过错。九三，高车良马，更要艰难行事，小心谨慎，每天练习，才能往而有利。六四，有可能出危险，从开始萌芽就加以防范，才能大吉。六五，对于冥顽不化的丑恶之人，要从根本上解决问题。上九，畜止是为了干成功事业，时机到了，天道荡荡，膴程万里，任君驰骋，通顺。此卦上爻看似不合物极而反的规律，实际上从象辞"刚上而尚贤，能止健，大正也"看，是因为君主"尚贤"，尊崇贤人，而贤人能止住健行不已、贪得无厌的君主，使得君主能够保有已经获得的大大的聚畜，所以王朝才能正大稳定。先贤把"尚贤"放在大畜卦而不是放在其他卦里说出来，月心真是良苦。

此卦六四、六五作为畜止阳爻的主力，爻辞是防止恶、制服恶之言。后代诸子都加以回避不提，只是含糊说一句"故其象占如此"，意思是因为占卜占来的就是这样。实际上毋庸讳言，此卦原意是说人才的个性不为当权者容忍的一面，即张扬顶撞，难以驾驭。提出了像调教小牛、阉割公猪那样的办法来制服他们。

大畜，利贞。不家食，吉。利涉大川。

大畜卦，有利于贞守。不在家里靠父母吃饭，吉。渡大江大河有利。

《象》曰：大畜，刚健笃实辉光，日新其德。刚上而尚贤，能止健，大正也。不家食吉，养贤也。利涉大川，应乎天也。

大畜卦，刚健、厚实有光辉，天天有新的道德修养。上九为刚处于六五君位之上，刚在上位；六五尊重上九这个贤人，所以说刚上而尚贤。乾为健处在下卦，艮为止，在乾之上，所以说能止健。能止健是大正之道。不在家里吃饭吉，因为国家养畜贤人。利于渡涉大江大河，是顺应天道规律干大事。

《象》曰：天在山中，大畜。君子以多识前言往行，以畜其德。

乾为天在下，艮为山在上，象征天被蓄在山中，是大畜卦。君子因多多见识，记住前贤的言论和行事，来积蓄提高自己的品德。

初九，有厉，利已。

做事情有危厉，停止不做有利。已，停止。

《象》曰：有厉利已，不犯灾也。

有危厉，停止有利，就是不去触犯灾祸。

九二，舆说輹（fù）。

连接车子和车轴的木条脱落，车不能前进。輹，通"辐"，辐条。说，通"脱"，脱落。

《象》曰：舆说輹，中无尤也。

连接车子和车轴的木条脱落，处中无过错。九二居于下卦之中，处中道，自止不进，所以无过错。尤，过错。

九三，良马逐，利艰贞，日闲舆卫，利有攸往。

驾着良马驰逐，有利于艰苦贞守。每天练习驾驶、防卫的事，利于有所前进。闲，练习。卫，防卫。

《象》曰：利有攸往，上合志也。

利于有所前进，是因为合于上进的志向。注意，其他卦九三、上九若为阳爻，则为敌应，而此卦为合。

六四，童牛之牿（gù），元吉。

小牛角上加上横木以防止它顶人，大吉。牿，绑在牛角上，防止牛角触人的横木。

《象》曰：六四元吉，有喜也。

小牛大吉，是因为有值得喜庆的事。指六四畜得了初九，有喜庆。

六五，豮（fén）豕（shǐ）之牙，吉。

阉割过的猪的牙齿，攻击性没有了，吉。指天下之恶，不可以力制，要看时机，抓住要害，断绝根源，使恶自止。豮，去势之猪，即阉割过的公猪。

《象》曰：六五之吉，有庆也。

六五之吉，是可庆贺的。

上九，何天之衢，亨。

背负通天大路，通顺。何，通"荷"，背负。衢，四通之路。

《象》曰：何天之衢，道大行也。

背负通天大路，正道得以畅行。指畜止至极而通畅行事。

二十七
颐 卦

震下艮上

综述：颐，颐养。主爻为六五、上九。书中把颐养分为几部分。一是个人的自养与他养；二是国家的养贤与养民；三是养口与养心进德。初九，阳爻，为实，有能力自养，炫耀，不足为贵。六二，阴爻为虚，不能自己解决温饱。下与初九求养为颠倒，上求上九为养不相应，违反常理，去求养则凶。六三，求养于上九，正应，但老是去求违反常理，得凶。六四，四为大臣之位，得正又与初九正应，虎视初九的食物。六四得养以后能在上位广施德行，得吉，无害。六五，往上九求养，虽然违反常道，可是六五以阴居主位，只要安居贞守就能得吉，但不可做大事。上九，代君养民，需存危厉之心才能得吉，有利于渡涉大江大河做大事。

颐，贞吉，观颐，自求口实。

颐卦，贞守得吉。观察面颊，看他是否吃饱，人要自食其力，自求口粮来吃饱。

《象》曰：颐，贞吉，养正则吉也。观颐，观其所养也。自求口实，观其自养也。天地养万物，圣人养贤以及万民，颐之时大矣哉。

颐卦，贞守得吉，是说养生得到正道则吉。观颐，是观察别人的养生。自求口实，观察他的自养之术。天地养育万物，圣人养贤人及万民，颐养及时的意义太大了啊！

《象》曰：山下有雷，颐。君子以慎言语，节饮食。

艮为山在上，震为雷在下，象征山下有雷，是颐卦。君子因此谨慎言语，节制饮食。

初九，舍尔灵龟，观我朵颐，凶。

放弃你灵验的龟，看我鼓起的面颊里的食物。灵龟，不吃东西的动物。朵，动；朵颐，咀嚼。

《象》曰：观我朵颐，亦不足贵也。

看我鼓起的面颊里的食物，也不足以认为尊贵。

六二，颠颐，拂经于丘颐，征凶。

六二向下面初九求养生，是颠倒，所以说颠颐；六二向上九求养生有拂常理正道，上九处高，有丘象，所以说丘颐。六二求养于上九，非正应，往必凶，所以说征凶。意思是六二应自求口实。上求养于下为颠，下求养于上为拂。颠，颠倒。拂，拂逆，违背。经，正道。征，行，去。阳为实，有实才能养人；阴为虚，虚要依赖阳来养，而此卦只有两个阳爻。

《象》曰：六二征凶，行失类也。

六二前去的凶，是因为出行失去自己的同类，指二九非其族类。

六三，拂颐，贞凶，十年勿用，无攸利。

六三与上九有应的关系，求养于上九，为拂颐。拂颐违背自求口实的养生常理，长期贞守得凶。十年不用，用了无所利。十年，泛指多年。

《象》曰：十年勿用，道大悖也。

十年勿用，因为大大违反常理。指六三不中不正而居下卦震的上部，有动之极之象。

六四，颠颐吉，虎视眈眈，其欲逐逐，无咎。

六四求养于初九，是养生的颠倒，得吉。六四如虎视一般看着初九的食物，它的欲望急迫，无害。六四处大臣之位，与初九阴阳正应，有养则可以在上面理事施德，所以得吉无害。

《象》曰：颠颐之吉，上施光也。

求养颠倒的吉，是因为可以在上位治理政事施德更加广大了。光，通"广"。

六五，拂经居贞吉，不可涉大川。

六五居尊位，赖上九以为养，虽违反常理，但六五安静居于尊位，贞守不动得吉。但不可以做大事，不可渡大江大河。

《象》曰：居贞之吉，顺以从上也。

贞守不动的吉，是顺从上九这个贤人的。

上九，由颐，厉吉，利涉大川。

由上九来养人，称由颐，危厉得吉，利于渡大江大河。上九位高，心存危厉才能得吉。又上九阳刚，宜于做大事。

《象》曰：由颐厉吉，大有庆也。

由上九来养人，心存危厉得吉，天下大有可庆祝的。

二十八
大过卦

巽下兑上

综述：大过，阳刚过中，大过错，大过失。这个大过失是过于刚强造成的。这也是社会生活中常见的过刚现象，过左即是。主爻为九二、九四。初六，做事柔下谨慎无咎。九二，老头娶了个小媳妇。阳刚过中，以柔加以调剂则善，没有不利的。九三，栋梁向下弯曲不可救，凶。过于刚强，动则违拂众人之心。九四，栋梁向上弯曲，得吉，但有其他麻烦的事情。九五，年轻男人娶了个老太婆。是可丑的，不可能长久。上六，错误地过河，水没过了头顶，得凶。

此卦不取爻之间的相应关系，而增加了中线对称反对的关系，三与四反对，二与五反对，初与上反对。这也说明了《周易》里各种爻位的关系都是因想说明道理的需要而改变的。

大过，栋桡，利有攸往，亨。

大过卦，正梁弯曲，利于出外有所前进，通顺。桡，弯曲。

《彖》曰：大过，大者过也。栋桡，本末弱也。刚过而中，巽而说行，利有攸往，乃亨。大过之时大矣哉。

大过卦，大的过错。栋梁弯曲了，用作正梁的木料中间强而两头弱。指此卦的初爻、上爻为阴爻，中间四爻为阳爻，象征中干强而本末软弱。九二、九四都是阳爻居阴位，为刚过；九二、九五为刚，居中位为中；合起来即刚过而中。巽为谦，兑为悦，谦逊和悦地行动，利于有所前进，才通顺。大过的时机和意义太重大了啊。说，通"悦"。

《象》曰：泽灭木，大过。君子以独立不惧，遁世无闷。

兑在上，为泽；巽是木，在下。象征泽水淹没树木，为大过卦。君子因此独立不惧，随世浮沉，不为世用而不苦闷。

初六，藉用白茅，无咎。

祭祀时用白茅草衬垫祭品，无害。藉，衬垫。

《象》曰：藉用白茅，柔在下也。

用白茅草衬垫祭品，柔软在下面。

九二，枯杨生稊（tí），老夫得其女妻，无不利。

枯杨树抽新芽，老男人娶得年轻的妻子，没有不利。从爻位上说，九二与初六比邻，为初六吸引。象征老男人娶了年轻的妻子。稊，杨柳的嫩芽。

《象》曰：老夫女妻，过以相与也。

老夫女妻，虽然年龄相差很多，但他们相处得还是很亲和的。

九三，栋桡凶。

正梁弯曲了，凶。

《象》曰：栋桡之凶，不可以有辅也。

正梁弯曲的凶，不可能有辅助、补救的办法。

九四，栋隆吉，有它吝。

正梁向上隆起，吉；有别的忧虑。梁向上弯，房子的结构已经变形，其他地方受到影响了。

《象》曰：栋隆之吉，不桡乎下也。

正梁向上隆起的吉，是因为正梁不向下弯曲，房子不会坍塌。

九五，枯杨生华，老妇得其士夫，无咎无誉。

枯杨树开花，老妇人嫁给年轻的男子，无害也无称誉。从爻位上看，九五与上六比邻，而上六已处于上卦的上极之处，象征老妇。华，同"花"。

《象》曰：枯杨生华何可久也？老妇士夫，亦可丑也。

枯杨树开花，怎么可能长久呢？老妇人嫁给年轻的男子，也是可羞、可丑的。

上六，过涉灭顶，凶，无咎。

错误地渡河，水没过了头顶，凶，最终无害。过，过失，错误。

《象》曰：过涉之凶，不可咎也。

错误渡河的凶，不可以怨咎他人。

二十九

坎 卦

坎下坎上

综述：坎，险，陷坑。主爻为九二、九五。上卦是坎，下卦也是坎。卦辞第一句就说"习坎"。习，重复，即陷于重重危险之中。全卦六爻无吉辞。阐述了人们处于险境的一般应对方法。初六，处于重重坎险之中，要做到德行有常而不改，失了正道则凶。九二，处险不能灰心丧气，要有所行动求小得。六三，险之又险，不能轻举妄动，动也无功，宜休息待变。六四，陷入险境动弹不得的时候，简单的饮食从窗户里进出，与人交流，等待脱险转机，无咎。九五，坎还没有平，还不能出坎，中正之道没有影响广大，只能做把坎填填平的事情，为出坎做点实事，无害。上六，失于正道、处于坎险极处的狱中犯人，多年也无法使之心服，凶。

此卦点出了坎卦的教人处于坎险的应对宗旨：有诚信，系人心，行有尚，常德行，习教事。

习坎，有孚，维心亨，行有尚。

习坎，重重危险，坑中有坑。有诚信，维系心的诚一，通顺，采取出险行动是可崇尚的。

《彖》曰：习坎，重险也。水流而不盈，行险而不失其信。维心亨，乃以刚中也。行有尚，往有功也。天险不可升也。地险，山川丘陵也。王公设险以守其国。险之时用，大矣哉。

习坎是重险，险中有险。水流在坑中不满盈，行走在险处却不失去他的诚信。以刚健而中正维系心思的通顺。采取行动脱险值得崇尚，前往会有功效。天险，不可以爬升到天上去；地险，有山河丘陵。王公设置险要关口保卫他的国家。险的因时因地的作用，大得很啊。

《象》曰：水洊（jiàn）至，习坎。君子以常德行，习教事。

水再至，是重复的坎。君子因此经常修养自己的德行，熟习教化之事。洊，再。

初六，习坎，入于坎窞（dàn），凶。

重坑，进到坑里，下面还有坑，进入险中之险，凶。窞，坑中的小洞穴。

《象》曰：习坎入坎，失道凶也。

已经在重复的坑里，又进入一个坑，迷失了路，凶险。

九二，坎有险，求小得。

坑里有危险，进入坑内，可以求得小的改善。因为九二刚而处阴位，不能有大求。

《象》曰：求小得，未出中也。

求得小的改善，没有离开中道。九二为阳处下卦之中。

六三，来之坎坎，险且枕，入于坎窞，勿用。

来到坑里，坑里有坑，有危险，暂且伏枕休息，进入坑里的坑，不用再行动。

《象》曰：来之坎坎，终无功也。

来到险而又险的地方，采取行动，最终是徒劳无功的。

六四，樽酒，簋（guǐ）贰，用缶，纳约自牖（yǒu），终无咎。

一杯酒，附带一碗饭，用瓦器盛，简单的饮食从窗口里送进去，最终无害。簋，盛饭的椭圆形容器。贰，副、附带的意思。纳，进去。约，简单。牖，窗户。

《象》曰：樽酒簋贰，刚柔际也。

一杯酒，附带一碗饭，在刚柔交接之际，要有窗口保持与外界交流。际，交际，交接。六四阴爻为柔，其上九五阳爻为刚，相比邻又刚柔相吸引。

九五，坎不盈，祗（zhī）既平，无咎。

坑没有满，适足以把它填平，无害。

《象》曰：坎不盈，中未大也。

坑没有满，中正之道还没有推行光大。

上六，系用徽纆（mò），置于丛棘，三岁不得，凶。

用绳索捆绑着，又被投置到丛丛荆棘的牢狱内，过了多年还不能使他服从，凶。纆，绳子，两股的叫纆，三股的叫徽。三岁，多年。

《象》曰：上六失道，凶三岁也。

上六失于正道，难以教化，过了多年还是凶的。

三十

离 卦

离下离上

综述：离，火，附丽。主爻为六二。火是不能自己独自存在的，必须附着在燃烧物上，所以有附丽之意。《周易》由此说明人生必须附丽于自己的为人处世才能体现人生价值。初九，做事步履错乱的人，以敬慎处之，是为了避开祸害。六二，柔顺、处中得正的人，大吉。九三，日过中午，要再接再厉，振作自为，免得有老年之叹。九四，横行霸道、凶焰嚣张的人，容不得别人，也为别人所抛弃。六五，居不当位而居危知危之人，忧虑始终，得吉。上九，刚明至极的人，察邪恶，行威刑，带兵出征，可以安邦定国。此卦上爻不取物极必反，而顺取离火极旺盛，为可以用其所长，安邦定国之意。

离，利贞，亨。畜牝牛，吉。

离卦，有利于贞守，通顺。养母牛，吉。牝，雌性的鸟兽，与牡（雄性）相对。

《彖》曰：离，丽也。日月丽乎天，百谷草木丽乎土。重明以丽乎正，乃化成天下，柔丽乎中正，故亨。是以畜牝牛吉也。

离，附丽。日月附丽在天上，百谷草木附丽在地上。上下卦都是离卦，离为光明，象征明丽。双重光明附丽在正上，就化育成为天下。此处正为火苗向上的正。六二、六五是阴爻。柔而附丽在中正之位上，所以通顺。因此畜养母牛吉利。母牛，强刚而柔顺的动物，指有柔顺之德；畜养母牛就是养成柔顺之德。

《象》曰：明两作，离。大人以继明照于四方。

同一个明两次升起，是离卦。指上卦为离，下卦也为离。大人用前后相继的光明照耀于四方。

初九，履错然，敬之无咎。

步子错乱的样子，恭敬地对待他无害。

《象》曰：履错之敬，以辟咎也。

对待步子错乱人的恭敬，是为了避开祸害。

六二，黄离，元吉。

黄色附丽在物体上，大吉。

《象》曰：黄离元吉，得中道也。

黄色附丽在物体上大吉，得到中正之道了。黄为中色，指六二阴爻处阴位、中位。

九三，日昃之离，不鼓缶而歌，则大耋（dié）之嗟，凶。

太阳偏西附丽在天上，不敲着瓦器唱歌，则到老了就要叹息，凶。耋，八十岁。

《象》曰：日昃之离，何可久也？

过了中午的太阳，怎么可能长久呢？意为要抓紧时间有所作为。

九四，突如其来如，焚如，死如，弃如。

敌人突如其来，焚烧着，杀戮着，抛弃着。九四阳爻处阴位，不中不正，刚气暴躁，所以如此说。

《象》曰：突如其来如，无所容也。

突如其来的暴力，没有人可以容忍。九四不容天下人，也不为天下人所容。

六五，出涕沱若，戚嗟若，吉。

涕泪滂沱着，悲伤叹息着，吉。六五处两刚之间，位尊而无应、失正，危惧之势。

《象》曰：六五之吉，离王公也。

六五的吉，附丽于王公之位的缘故。五为君位，上下为大臣位。

上九，王用出征，有嘉折首，获匪其丑，无咎。

君王出师征伐，有佳绩斩了敌首，俘获与我方敌对的人，无害。丑，胁从之人。

《象》曰：王用出征，以正邦也。

君王出师征伐，是为了安定国家。

三十一

咸　卦

艮下兑上

综述：咸，感，交相感应。主爻为九四、九五。感应是双向的，以人体取象，都是事小意旨大，全在各人的阅历和悟性。人是成就事业之本，此卦说人与人之间相互感应的事情。可以是你感人，也可以是人感你。初六，感应大脚趾，大脚趾不可能行动。因此感非其人不行。六二，感应腿肚子，腿肚子不能自己行动，动则凶。安居贞守得吉。九三，感应大腿，随别人行动，不是走自己的路，这样有悔吝。九四，坚持感应他人得吉而无悔。私心相感应，不能感应到广大人心，来来往往的朋友只会顺从你的思路说话做事。没有个人私心，才能感化天下之人。九五，感应背脊上的肉，意为要去感应那些看不到的、更多的人，无悔。上六，感应之道的末路，是用口舌言语去糊弄人。

咸，亨。利贞，取女吉。

咸卦，通顺。有利于贞守，娶妻吉。

《彖》曰：咸，感也。柔上而刚下，二气感应以相与。止而说，男下女，是以亨利贞，取女吉也。天地感，而万物化生。圣人感人心，而天下和平。观其所感，而天地万物之情可见矣。

咸，感应。艮为阳、卦为刚在下，兑为阴、卦为柔在上；柔在上而刚在下，阴阳二气感应而相处。艮是止，兑是悦；相遇后止而喜悦。阳在阴下，象征男在女下，因此通顺，有利于贞守，娶妻吉。天地阴阳二气相感应，而万物化生。圣人用德行来感动人心，使得天下和平。观察他所感应的，天地万物的情状就可以看见了。

《象》曰：山上有泽，咸。君子以虚受人。

艮为山在下，兑为泽在上，象征山上有泽，是咸卦。象征君子虚心接受，容纳众人。

初六，咸其拇。

感应他的大脚趾。初六是下卦艮止的最下面一爻，像脚趾，不可能自己行动。

《象》曰：咸其拇，志在外也。

感应他的大脚趾，志向在于外出。指初六与九四相感应，而九四在外卦。

六二，咸其腓（féi），凶，居吉。

感应他的腿肚子，凶；居家不动，吉。腓，腿肚子。上不动，下不能急于动，不先动，不妄动，动则凶。六二是艮止下面的第二爻，像腿肚子，也不可能自己行动，腿动身不动则摔倒，所以说凶。

《象》曰：虽凶居吉，顺不害也。

虽然有凶，但居家则吉，顺从不出，不会受害。

九三，咸其股，执其随，往吝。

感应他的大腿，拉着他跟随着出去，前往有羞吝。执，手抓着，持着。

《象》曰：咸其股，亦不处也。志在随人，所执下也。

感应他的大腿，也是不安处原地。志向在于跟随别人，所持（跟随别人的）主张是低下的。

九四，贞吉悔亡，憧憧往来，朋从尔思。

坚持感应他人得吉，悔恨消失；人往来不断，朋友顺着你的心思说话做事。憧憧，心思不定的样子，指各怀自己的心思。

《象》曰：贞吉悔亡，未感害也。憧憧往来，未光大也。

坚持感应他人得吉，悔恨消失，因为未为私感所害。私心相感往来，没有发扬光大到感应天下之人。

九五，咸其脢（méi），无悔。

感应背脊上的肉，没有悔恨。脢，背脊上的肉。

《象》曰：咸其脢，志末也。

感应背脊上的肉，志在感应细末之处。

上六，咸其辅颊舌。

感应他的腮、面颊和舌头。辅，腮。

《象》曰：咸其辅颊舌，滕口说也。

感应他的腮、面颊和舌头，发挥他的言语口说。滕，水向上腾涌，引申为张口放言。

三十二

恒 卦

巽下震上

综述：恒，守恒长久。做人做事都要恒久坚持，才能久久为功。主爻为九二。初六，开始就坚持要求相互关系恒久深厚，无利而有凶。九二，阳刚处中，能久守中道，悔恨消失。九三，不能恒按道德要求行事，会为他人所不容，受到羞辱。九四，阳爻居阴，久不得位，打猎也无所获。六五，恒守柔顺之德，妇人得吉。男人处在君位，恒守柔顺之德则凶。上六，恒久震动而没有节制，得凶。

古人对咸、恒两卦有评价：咸、恒无完爻。认为六爻之间见此不见彼，显得支离破碎，六爻之间关系难以理解。但是如果以六十四卦的共同规律来串联各爻，则爻意、卦意自然贯通。

恒，亨。无咎。利贞，利有攸往。

恒卦，通顺。无害。有利于恒久贞守，利于有所前往。

《彖》曰：恒，久也。刚上而柔下。雷风相与，巽而动，刚柔皆应，恒。恒亨无咎，利贞，久于其道也。天地之道，恒久而不已也。利有攸往，终则有始也。日月得天而能久照，四时变化而能久成，圣人久于其道，而天下化成。观其所恒，而天地万物之情可见矣。

恒，久的意思。震为阳为刚在上卦，巽为阴为柔在下卦，刚上而柔下。震为雷，巽为风，雷风相结合。巽为谦逊，震为动，谦逊而动。巽的下爻为阴，震的下爻为阳；巽的中爻为阳，震的中爻为阴；巽的上爻为阳，震的上爻为阴。巽的三爻与震的三爻都刚柔相应，是恒卦。恒卦通顺无害，利于贞守，要久行此道。天地之道是经久运行而不停止。利于有所前进，结束了又开始。日月得到天空才能够经久照耀，四时在变化中才能够经久化物。圣人经久地研修人世间的规律，才能够教化天下人。观察这种恒久的规律，天地万物的情状就可以看到了。

《象》曰：雷风恒，君子以立不易方。

震为雷，巽为风，风雷交作，是恒卦；君子学习此卦，做人做事要确立不可移易的立场。

初六，浚恒，贞凶，无攸利。

开始就深求长久关系，贞守凶，求也无益。浚，疏浚，深浚。

《象》曰：浚恒之凶，始求深也。

深求长久关系的凶，是开始要求深交的缘故。从爻位上说，初六处于开始，与九四相应，希望深深地长相厮守；而九四震体阳性，志在上进，又为九二、九三阻隔，难以应初六。

九二，悔亡。

悔恨消失。

《象》曰：九二悔亡，能久中也。

九二悔恨消失，是能够长久保持中道的缘故。指九二刚而处阴位，本当有悔，守中则悔没有了。

九三，不恒其德，或承之羞，贞吝。

不是经久地保持他的德行，可能要受到别人羞辱，贞守此道会有耻辱。

《象》曰：不恒其德，无所容也。

不能经久地保持他的德行，别人就没法容纳他。

九四，田无禽。

打猎没有得到鸟兽。

《象》曰：久非其位，安得禽也。

长久不在合适的位置上，哪能猎到鸟兽。九四阳爻处阴位，不正，所以说久非其位。

六五，恒其德，贞，妇人吉，夫子凶。

经久地保持顺从九二的德行，妇人得吉，丈夫则凶。以顺为常，妇人之道，非丈夫所当贞守。

《象》曰：妇人贞吉，从一而终也。夫子制义，从妇凶也。

妇人贞守的吉，是跟从一个丈夫终身。男主外，丈夫应该有权决定做适宜的事情，一味听从妇人的意见得凶。义，宜。

上六，振恒，凶。

长久地震动，凶。

《象》曰：振恒在上，大无功也。

处在恒极之地长久地震动，大大地不会有功效。

三十三

遁　卦

艮下乾上

综述：遁，隐遁，逃遁。主爻为九五。说的是在小人当道、天下将乱之时，君子的处世方法。初六，在应该逃遁之时落在了后面。位卑名微，干脆不逃了。如果继续前往的话，事情反而会更糟。六二，与在位君主九五建立更加牢固的关系，保护自己。九三，为别人所牵连而不能逃遁，对待气焰日益嚣张的小人要像蓄养臣妾那样包容，即用卦象说的"不恶而严"的方法。九四，从容地逃遁，对君子吉利，小人做不到。九五，嘉美地逃遁，中正自处，端正志向，对逃遁做出恰当得体的处理，贞守得吉。上九，逃遁跑得快，无不利，不用犹豫怀疑。此卦说逃遁避害，上爻无物极必反之意，逃遁得越远越快越好。

遁，亨。小利贞。

遁卦，通顺。小小地有利于贞守。

《彖》曰：遁亨，遁而亨也。刚当位而应，与时行也。小利贞，浸而长也。遁之时义大矣哉。

遁卦，通顺，逃遁而能通顺。九五阳爻为刚，又在尊位，与六二阴爻相应；刚当位而相呼应，并在适合的时机行动。小利于贞守，因为柔渐渐在向上发展。初六、六二是阴爻，为柔；象征着小人道长，君子道消。适当时机隐遁的意义是很大的啊！浸，逐渐。

《象》曰：天下有山，遁。君子以远小人，不恶而严。

乾为天在上，艮为山在下，象征天下面有山，是遁卦。君子因此远避在朝的小人，不厌恶小人但严格区别于小人，划清与他们的界限。因为对方是小人，如果发现你厌恶他，他会不择手段地加害于你。如果不划清界限，又会受到小人的牵连，别人会把你也当作小人。

初六，遁尾，厉，勿用有攸往。

逃遁之时已落在了后面，危厉，不用再逃了。

《象》曰：遁尾之厉，不往何灾也？

夹着尾巴逃遁的危厉，不去有什么灾害呢？

六二，执之用黄牛之革，莫之胜说。

六二与九五阴阳正应，它们的相互关系像两个人用黄牛皮绳子捆着，不可能挣脱黄牛皮绳子而逃脱。说，通"脱"。

《象》曰：执用黄牛，固志也。

用黄牛皮绳子捆着，意在牢固确立双方共同意志。

九三，系遁，有疾厉，畜臣妾吉。

想逃遁而被羁留，像人有病危险，畜养臣妾，吉。九三下比六二，阴阳相吸，犹如被系住。

《象》曰：系遁之厉，有疾惫也。畜臣妾吉，不可大事也。

想逃遁而被羁留的危厉，像人有病疲惫了。畜臣妾吉，只能做些畜养臣妾的小事，不可做大事。

九四，好遁，君子吉，小人否。

从容地逃遁，君子吉，小人不能做到。好，犹言好好的，不是气急败坏的。

《象》曰：君子好遁，小人否也。

君子从容地逃遁，小人不能做到。

九五，嘉遁，贞吉。

嘉美地逃遁，贞守得吉。

《象》曰：嘉遁贞吉，以正志也。

嘉美地逃遁，贞守得吉，用以端正志向。

上九，肥遁，无不利。

远走高飞那样逃遁，没有不利的。肥，绰绰有余，也有人释为飞。

《象》曰：肥遁无不利，无所疑也。

远走高飞那样逃遁，没有不利的，没有什么值得犹豫怀疑的。

三十四
大壮卦

乾下震上

综述：大壮，阳之壮盛，大而壮盛。主爻为九四。初九，壮于脚趾，处于下底，地位低下而急于行动，凶的结果是必然的。九二，能够刚柔相济，处中贞守得吉。九三，小人像公羊一样，恃强凌弱，用角触篱笆，长此下去必然危厉。君子不会这样。九四，贞守不动得吉，悔消亡。公羊触坏了篱笆，更加壮于前进，又去触大车的辐条。六五，阳刚上进，以和易的方法对付阳刚亢进的人，无悔。上六，羊角被篱笆缠住，进退不得无所利，中途遇到了麻烦。艰苦坚持则吉，不能放弃。只要坚持，祸言就不会长久。

此卦虽然以刚壮为义，但各爻都以用柔为贵。因为"刚"难以把握，过则有害。又，九二爻阳处阴位，说"九二贞言，以中也"；而六五爻阴处阳位，"丧羊于易，位不当也"。一卦当中，九二、六五都位不当，都处于中位，结论前后不一。这里可以看出《周易》因时因地取义，绝不拘泥的思想。所以我们学习《周易》，一定要根据自己的实际情况去理解应用，把握一卦的实质，可以不论爻位，爻位只在帮助理解词句为什么这样说而不是那样说时参考。

大壮，利贞。

大壮卦，有利于贞守。

《彖》曰：大壮，大者壮也。刚以动，故壮。大壮利贞，大者正也。正大而天地之情可见矣。

大壮，大的强壮。乾为刚，震为动，象征刚健而动，所以强壮。大壮利于贞守，因为壮大而行于正道。以光明正大的眼光看事物，天地间事物的情状就可以看见了。

《象》曰：雷在天上，大壮。君子以非礼弗履。

乾为下卦，震为上卦，象征雷在天上滚动，为大壮卦。君子因此不合于礼制的不去践行。

初九，壮于趾，征凶有孚。

壮于脚趾，出行凶，是确实可信的。脚趾，象征处于下部、底层。初九以刚处阳位，急于进取，必然得凶。

《象》曰：壮于趾，其孚穷也。

脚趾壮了就急于行动，相信他已经穷困了。

九二，贞吉。

贞守得吉。

《象》曰：九二贞吉，以中也。

九二贞守得吉，因为处在下卦中位。

九三，小人用壮，君子用罔，贞厉。羝羊触藩，羸（léi）其角。

小人相争用强力，君子不用，小人贞守此道有危险。用强力处事，会像公羊用角触篱笆那样被篱笆缠住。罔，同"勿""无"

"毋"。藩，篱笆。羸，瘦弱，这里是被缠住的意思。

注意此爻的界定，九三为阳爻，处于阳位，但说他是小人。阳也可以是阴、小人。说明《周易》里阴爻不一定是小人，阳爻也不一定是君子，君子小人只看他的为人处世而定。

《象》曰：小人用壮，君子罔也。

小人用强力，君子不用的。

九四，贞吉悔亡。藩决不羸，壮于大舆之辐。

贞守得吉，悔恨消亡。公羊触篱笆，篱笆破了，而公羊没有受伤，它更强壮了，它的角又去触大车的辐条。

《象》曰：藩决不羸，尚往也。

篱笆坏了，角没有受损，还是崇尚前进，要向前触的。

六五，丧羊于易，无悔。

用和易的办法，阻止了下面的四个阳爻的上进，使它们的刚不起作用，没有悔恨。以羊象征阳爻。易，和易。六五以位言为中，以爻言为柔，成为一张弹性的网，使得羊的凶狠失去了作用，所以说丧羊。

《象》曰：丧羊于易，位不当也。

用和易的办法，阻止了下面的四个阳爻的上进，是因为处的地位不当。指六五阴爻处于阳位，只能用和易的办法。

上六，羝羊触藩，不能退，不能遂，无攸利，艰则吉。

公羊触篱笆，角被篱笆卡住，不能退，不能进，无所利，在艰难中坚持就会得吉。遂，如意而成，这里指前进。

《象》曰：不能退，不能遂，不详也。艰则吉，咎不长也。

不能退，不能遂，情况很不吉祥。艰难则得吉，害处是不会长久的。

三十五

晋　卦

坤下离上

综述：晋，进。主爻为六五。进而光明盛大之意。初六，晋升开始时，还没有多少人了解信任，也没有任命，应该不以进退为虑，贞守就会得吉。六二，晋升无呼应，有忧。贞守中道得吉，会有大福降临。六三，德行为大家公认了，上进无悔。九四，进取不止，贪如硕鼠，危厉如影随形，坚持下去有危险。六五，不患得患失，得失无所顾惜，则往吉无不利。上九，晋升到顶了，唯有内部"伐邑"，反身省己，内治己私齐家，才能在危险的处境下得"厉吉"而无害，但是坚持下去还是有麻烦的。

晋，康侯用锡马蕃庶，昼日三接。

晋卦，尊贵的公侯接受天子赏赐的车马，一天多次受到接见。康侯，虚说的诸侯，意思是康民治国安天下的诸侯。锡，通"赐"。

《彖》曰：晋，进也。明出地上。顺而丽乎大明，柔进而上行。是以康侯用锡马蕃庶，昼日三接也。

晋，是前进。太阳从地平线上升起。下卦坤为顺，上卦离是附丽。柔顺而附丽于大明的太阳，柔顺进而上行。因此尊贵的公侯接受天子赏赐的车马，一天多次受到接见。

《象》曰：明出地上，晋。君子以自昭明德。

明亮从地上升起，是晋卦。君子要自己将德行昭明于天下。

初六，晋如摧如，贞吉。罔孚，裕无咎。

前进着，抑退着，贞守得吉。还没有取得信任，宽裕则无害。摧，摧折、抑制之意。罔，无。

《象》曰：晋如摧如，独行正也。裕无咎，未受命也。

升进，抑退，自己独立行进在正道上。不以进退为忌，雍容宽裕而无害，处于晋的开始，还未受到任命。

六二，晋如愁如，贞吉。受兹介福，于其王母。

前进着，忧愁着，贞守得吉。在王母那里受此大福。愁如，指六二上面与六五同为阴爻，敌应，上进困难。介，大。王母，六五阴爻为妇人，又在君位，所以称王母。

《象》曰：受兹介福，以中正也。

受此大福，是因为中正。指六二居中得正。

六三，众允，悔亡。

众人信任允许，悔恨消失。

《象》曰：众允之志，上行也。

众人认可他的志向，能够上行前进。

九四，晋如鼫（shí）鼠，贞厉。

上进像硕鼠那样，贪而畏人，坚持下去危险。鼫鼠，吃田里庄稼的大老鼠。

《象》曰：鼫鼠贞厉，位不当也。

鼫鼠贞守的危厉，地位不当。九四接近君位，阳爻处阴位，失柔顺之道。

六五，悔亡，失得勿恤，往吉无不利。

悔恨消失，失去、得到不要顾惜，前进吉，没有不利的。恤，顾惜，患得患失。

《象》曰：失得勿恤，往有庆也。

失去、得到不要顾惜，前往就会有值得庆贺的事情。

上九，晋其角，维用伐邑。厉吉无咎，贞吝。

晋升到最高的角上，已进无可进，把求进的念头用到反身省己上。危厉的吉，无害，贞守下去不好。邑，诸侯国里的私人采邑；伐邑，伐自己的封邑，指反身克己。

《象》曰：维用伐邑，道未光也。

只有用反身克己的方法，因为道德没有为广大人民所知。

三十六
明夷卦

离下坤上

综述：明夷，光明被伤害。主爻为六二、六五。夷，伤害，日入地中，明而被伤之象。此卦是昏暗之卦，昏君在上，明者受伤害。所以《杂卦传》说，"明夷，诛也"。初九，伤害之始，要不待伤害来到，趁早悄悄地飞快避祸远走。六二，在小人伤害到来时，要有措施加以拯救，对小人表现顺从但内心不失守正道。九三，明者反击，俘获来犯者魁首，但是光明被伤害的现实不会遽然改变，不能太快太急。六四，获得昏君的真实心意，仍然要夷灭光明。最好的做法就是走出门后远逃避免伤害。六五，在暗无天日的环境里，要像箕子那样贞守自己的明德而不变。箕子曾以正道规劝纣王而被贬为奴，装疯以自晦其明，后来又被囚禁，虽然身遭大难但其明不息。上六，是个暴君，伤害明者的根源，起初登天，后来入地，伤明者最终伤害的是自己。

明夷，利艰贞。

明夷卦，有利于艰难时期的贞守。

《彖》曰：明入地中，明夷。内文明而外柔顺，以蒙大难，文王以之。利艰贞，晦其明也。内难而能正其志，箕（jī）子以之。

离为火为明在下，坤为地在上，象征光明入于地中，是明夷卦。离在内卦，坤在外卦，离象征文明，坤象征柔顺；内文明而外柔顺，以此在遭受大难时免于祸，周文王就是这样。有利于艰难情况下的贞守，隐晦自己的光明。王朝宗室内有难能端正志向的，箕子就是这样。

《象》曰：明入地中，明夷。君子以莅众用晦而明。

光明入于地中，是明夷卦。君子因此在民众面前把明藏在晦暗中，外表糊涂而内心明察。

初九，明夷于飞，垂其翼。君子于行，三日不食。有攸往，主人有言。

明夷初始，看到灾难将起，及早避难，像飞一样快而且垂下翅膀尽量不让人发觉。君子的快速离开，三天不吃饭也不停步。要有所往，主人有非议也不管。

《象》曰：君子于行，义不食也。

君子见难将至，迅速离去，来不及吃饭是当然的。

六二，明夷，夷于左股，用拯马壮，吉。

在光明受到伤害的时候，伤到左大腿，及时用壮马拯救离开，得吉。

《象》曰：六二之吉，顺以则也。

六二的吉，因为他柔顺而不失其中正的原则。

九三，明夷于南狩，得其大首，不可疾贞。

伤害在君子南去打猎时发生，抓到了野兽的头领，不可以遽然再坚持下去。

《象》曰：南狩之志，乃得大也。

南行打猎的愿望，已经大有所获了。

六四，入于左腹，获明夷之心，于出门庭。

六四，位于心腹之处，近于君位，所以说入于左腹；探得君王伤害光明的心意，于是赶紧出门逃避。

《象》曰：入于左腹，获心意也。

六四进入六五之下的左腹，获得了他的心意。

六五，箕子之明夷，利贞。

箕子的光明而被伤害，有利于贞守。箕子，商朝宗室成员，末代亡国之君商纣王的大臣。史称其居至暗之地，近至暗之君，而能正其志。

《象》曰：箕子之贞，明不可息也。

箕子的贞节，他的明德是不可能消失的。

上六，不明晦，初登于天，后入于地。

不明而晦暗，开始升上天，后来入于地。指上六是伤明的
主犯。

《象》曰：初登于天，照四国也。后入于地，失则也。

初登于天，照见四方的诸侯国。后入于地，昏暗无道，因为
失去法度。后世学者多认为这里说的是商纣王的故事，因为爻辞
中明说箕子作为纣王的宗室而受害的故事。

三十七
家人卦

离下巽上

综述：家人，一家人。主爻为六二、九五。说的是治家之
道。家庭是社会的基本单位，也是君子修身、齐家、治国、平天
下人生之路的第二步。初九，治家之初就要立下规矩防备，不能
放任自流，如果子弟变坏了，将不堪收拾。六二，女主人主内时
不能自专，擅行其事，贞守此道得吉。九三，男主人与其过宽不
如过严，过严虽然家人受不了，有悔于太严厉，但得吉。没有约
束，终有悔吝。六四，女主人除了主持饮食之外，还要精打细算
持家、富家。两者俱备，方为大吉。九五，家长要以自身的模范

行为感应、定格家中人的品行，使家中父父子子、兄兄弟弟、夫夫妇妇各安其分，达到家和万事兴的局面。上九，提出了治家最要紧的是诚信和威信。威信从诚信来，诚信从反身自省来。治家先治自己，身教才能使一家人心齐，取得一家人的信任，并为一家人所敬畏。这样，归根结底必吉。此卦上爻讲君子齐家的事，齐家没有终点，所以不在物极必反之列。

家人，利女贞。

家人卦，有利于妇女贞守。

《彖》曰：家人，女正位乎内，男正位乎外。男女正，天地之大义也。家人有严君焉，父母之谓也。父父子子，兄兄弟弟，夫夫妇妇，而家道正。正家而天下定矣。

家人卦，六二为阴爻，在内卦之中，阴位，象征女主内，以正道守位；九五为阳爻，居外卦之中，阳位，象征男主外，以正道守其位。男女各守正道，是天地间的大义。一家人有严的当家人，说的就是父母。父亲要有父亲的范，儿子要有儿子的范，兄有兄的范，弟有弟的范，夫有夫的范，妇有妇的范，这样家道就正了。家道正，天下就安定了。

《象》曰：风自火出，家人。君子以言有物，而行有恒。

离为火在下，巽为风在上，象征风从火出，是家人卦。君子学习此卦要做到说话有内容，行动持之以恒。

初九，闲有家，悔亡。

家里要注意防止出事情，这样悔恨会自己消失。闲，防止、防备的意思。指治家开始就要立下规矩，加以教育、约束，不能放任自流，免得后悔。

《象》曰：闲有家，志未变也。

家有防备，用心在还未有变故发生的时候。

六二，无攸遂，在中馈，贞吉。

没有什么自专之事，在家中主持家务饮食，贞守此道吉。遂，指自专、自成。馈，饮食。

《象》曰：六二之吉，顺以巽也。

六二的吉，在于顺从而谦逊。

九三，家人嗃嗃（hè），悔厉吉。妇子嘻嘻，终吝。

九三阳爻处刚位，象征治家过严；家人嗷嗷叫，有悔于严厉，但最终得吉。老婆孩子嬉笑作乐，没有约束，最终有悔吝之事。嗃嗃，严酷的意思。

《象》曰：家人嗃嗃，未失也。妇子嘻嘻，失家节也。

家人嗷嗷叫，没有过失。老婆孩子嬉笑作乐，失去家规节制了。

六四，富家，大吉。

使家庭富裕，大吉。

《象》曰：富家大吉，顺在位也。

使家庭富裕，因为顺从而处在适当的位置。六四阴爻处阴位，象征妇人能遵守妇道持家。

九五，王假有家，勿恤吉。

家长以自己的模范行为感格他的家人，不要顾惜，吉。王，指九五，一家之主。假，通"格"，即规矩，指自己执行规矩感动家人。

《象》曰：王假有家，交相爱也。

家长以自己的模范行为感格他的家人，家人之间就会互相爱戴。

上九，有孚威如，终吉。

有诚信，有威严，最终吉。总结治家之道：以诚为本，以威为用。

《象》曰：威如之吉，反身之谓也。

有威严的吉，说的是反省自身，为一家人所敬畏。

三十八

睽　卦

兑下离上

综述：睽，睽离，违逆。主爻为九二、六五。此卦从天地睽离而其事同，男女睽离而其志通，万物睽离而其事类，阐述事物违与合的关系，同与异的关系，对立而统一。六爻两两相对，都是先睽后合。人之常情是信然后合，合则愈信；疑然后睽，睽则愈疑。初九，睽违开始时，睽违之人不追，厌恶之人不弃。不使乖离加深，而使自己无害、避害。九二，睽离之时，臣子遇见君主，无害。六三，睽离之时，有志与人相合，有重重阻碍，也要坚持前往，最终会如愿以偿。九四，违离、孤独的人，遇见志向相投的人，以至诚相交，纵然有危厉，也可以无害。六五，与宗族成员聚会相合，不但无悔，还有喜庆。上九，睽乖之时，不能对周围的人疑神疑鬼，要主动相遇，阴阳相遇则吉。

睽，小事吉。

睽卦，小事吉。小事，是说从柔的角度处理事情，在睽违之时，能妥善处理互相之间的小事情，得吉。

《彖》曰：睽，火动而上，泽动而下，二女同居，其志不同行。说而丽乎明，柔进而上行，得中而应乎刚，是以小亨吉。天地睽而其事同也。男女睽而其志通也。万物睽而其事类乜。睽之时用大矣哉。

睽卦，兑为泽在下，离为火在上，火向上动，泽水往下流，互相违离。兑为少女，离为中女；二女同居，但她们的志向不一样，不会一起行动。说，通"悦"。和悦而依附着光明。离为阴卦，六五阴爻为柔，处于五位，所以说柔进而上行。六五居上卦的中位，为柔而得中；九二居下卦的中位为阳爻，为刚，此为柔得中而下应于刚，因此办小事吉。天在上地在下，天地是乖离的，但是天地乖离而生长万物的事情又是一致完成的。男女性别违异而生儿育女的意志是相通的。万物各具形体看似乖异，但它们的对立统一、相互转化是类似的。睽的因时而用的作用是很大的啊！

《象》曰：上火下泽，睽。君子以同而异。

离为火在上，兑为泽在下，上火下泽，是睽卦。君子因此同而有异，因异而同。

初九，悔亡。丧马勿逐自复，见恶人无咎。

悔恨消失。马跑掉了不用追寻，它自己会回来；会见自己厌恶的人，无害。丧马勿逐，是说初九处睽离的开始，不要强行求同，往者不追。见恶人，是来者不拒，不与持异见之人对立。

《象》曰：见恶人，以辟咎也。

会见厌恶的人，用来避开灾害。

九二，遇主于巷，无咎。

在小巷里碰见主人，无害。从爻位上说，九二与六五正应，但在睽离之时，九二得委曲求全去见六五这个君主，所以有遇主于巷之象。

《象》曰：遇主于巷，未失道也。

在小巷里碰见主人，没有走错路子。

六三，见舆曳，其牛掣（chè），其人天且劓（yì），无初有终。

见到车子被往后拽，制止牛前行，赶车的人黥额割鼻，开始困难，最终有结果。从爻位上说，六三阴爻而处阳位，想与上九正应，但处在两阳之间，阴阳相吸，下有九二强行拉拽，前面有九四拦截，受到重伤，最终得到强有力的上九帮助得以结合。掣，制止，拖拉。天，墨刑，古代在人额上刺字涂墨的刑罚。劓，割去鼻子。

《象》曰：见舆曳，位不当也。无初有终，遇刚也。

看见大车被牵拽，因为所处位置不当。无初有终，最终遇到刚强有力的上九帮助。

九四，睽孤，遇元夫，交孚，厉无咎。

违离、孤单无应援，碰见初九，双方以诚信相交，危险但无害。元夫，指初九，阳爻居初位，所以称元夫。厉，指九四与初九两阳相斥，为敌应。

《象》曰：交孚无咎，志行也。

诚信相交无害，志向得以实行。

六五，悔亡，厥宗噬（shì）肤，往何咎？

悔恨消失，他与同宗之人一拍即合，一咬便深，前去又有何害？厥，其。宗，同宗族的人，指有呼应关系的九二。噬，咬。噬肤，指与同宗之人本来睽离得肤浅，容易深入相交。

《象》曰：厥宗噬肤，往有庆也。

与同宗之人见面，一咬便深，前去有喜庆。

上九，睽孤，见豕负涂，载鬼一车。先张之弧，后说之弧，匪寇婚媾。往遇雨则吉。

违离、孤单地走路，疑心极重，路上看见猪背上都是泥，仿佛看见一部载着鬼的车子。他先拉开弓，后放下弓，原来不是强盗，是来婚嫁的。前去遇雨就得吉。豕，猪。猪及后面的话，指六三来与上九正应婚媾。说，通"脱"，放下。遇雨，意思指阴阳相合而有雨。

《象》曰：遇雨之吉，群疑亡也。

遇雨的吉，各种猜疑都消失了。

三十九
蹇 卦

艮下坎上

综述：蹇，难，灾难。主爻为九五。此卦是处逆境的卦，卦辞、爻辞意义比较贴切，既有见险能止的意思，又有处险亦当进的意思。初六，看到有难，应当停止，待时再动。六二，在灾难到来时，大臣要前进救难，不是为了自己，无论成败均无过尤，更不必问吉凶得失。九三，有难不能再进，返回内心有喜。六四，见难而止，应该与处于灾难之中的人抱成一团，立于实处。九五，大难中保持气节，居中得正，朋友、贤臣会来共同赴难。上六，应该志在内部，团结一致，跟从九五。此卦上爻不取物极而反的常态，而取进一步巩固队伍追随贵人克难的意旨。

蹇为济难之卦，入坎险济大难不可贸然从事，必须可行则行，该止则止，量力而后入，待时而后举。

蹇，利西南，不利东北；利见大人，贞吉。

蹇卦，到西南去有利，到东北去不利；见大人有利，贞守得吉。西南、东北只是比喻。在八卦中，坤是西南之卦，艮是东北之卦。坤平顺，艮为山象征阻挡。实际上是说，在有难的处境下，要顺处平易之地，不要选择难行的山路。

《象》曰：蹇，难也，险在前也。见险而能止，知矣哉。蹇，利西南，往得中也。不利东北，其道穷也。利见大人，往有功也。当位贞吉，以正邦也。蹇之时用大矣哉。

蹇是难，前面有危险。看到危险能够停止前进，智慧啊。蹇，利去西南，去那里得到中道。不利去东北，那条路是走不通的。利于见大人，去是有功效的。九五为阳爻，居阳位、君位；六二为阴爻，居阴位、臣位。君臣各居适当的位置，贞守得吉，用来端正治理好邦国。蹇卦因时而用的作用大了啊！

《象》曰：山上有水，蹇。君子以反身修德。

艮在下为山，坎在上为水，象征山上有水，是难。君子因此反省自身，修养道德。此处提出遇到困难要反省自己的观点，非常有价值。

初六，往蹇来誉。

往上去有难，退回来停止不进则有美誉。

《象》曰：往蹇来誉，宜待也。

往上去有难，退回来停止不进则有美誉，适宜于等待时机。

六二，王臣蹇蹇，匪躬之故。

在蹇难的情况下，国王的大臣难上加难，不是为了自身的缘故。匪，通"非"。躬，身体。

《象》曰：王臣蹇蹇，终无尤也。

国王的大臣难上加难，不是为了自己，最终是没有可担忧的。尤，同"忧"。

九三，往蹇来反。

往上去有难，应当返回。

《象》曰：往蹇来反，内喜之也。

往上去有难，应当返回，返回内心喜悦。九三返回向下，则有初六、六二两个阴爻与其相合，当然内心高兴。

六四，往蹇来连。

往上去有难，停止而向下则与在下面的诸爻结成统一战线。

《象》曰：往蹇来连，当位实也。

往上去有难，回来连成一片，是所处位置实在。六四为阴爻，居阴位，为正位。

九五，大蹇朋来。

经受大灾难，朋友贤臣来了。

《象》曰：大蹇朋来，以中节也。

经受大灾难，朋友贤臣来了，因为六五居中得正有气节。

上六，往蹇来硕，吉，利见大人。

往上去有难，向下硕大宽余，吉利，有利于见九五这个有德有位的大人。

《象》曰：往蹇来硕，志在内也。利见大人，以从贵也。

往上去有难，向下硕大宽余，志向在于内部。利于见大人，追随贵人有利。

四十
解 卦

坎下震上

综述：解，患难解散，解脱。主爻为九二、六五。在灾难解脱时，好比是大病初愈，要往平顺处走，不能操之过急，但有事情要快速做出反应。初六，解难之初，刚柔之际，要自处得宜，无害。九二，刚柔相济，中直不阿，以去除小人为己任。六三，当心小人居君子之位者，前难刚解，又招致了另外的寇贼。九四，小人不去，君子不来。要去除掉小人，腾出位置给君子。六五，处于君主之位的，要维系贤人勿贰，去小人勿疑。这样树立信用于小人，让小人相信不改邪归正就没有前途。上六，对处于高处的凶狠小人，要持武器，抓住时机，射而获之，以排除悖乱的发生。

解，利西南。无所往，其来复吉。有攸往，夙吉。

解卦，去西南有利，坤卦在八卦中的方位在西南，坤顺象征宽大平易，指要往平顺处走。此外不要有所前往，去了乜是回来为吉。如果有事情前往，早去得吉。夙，早。

《彖》曰：解，险以动，动而免乎险，解。解，利西南，往

得众也。其来复吉，乃得中也。有攸往夙吉，往有功也。天地解而雷雨作，雷雨作而百果草本皆甲坼（chè）。解之时大矣哉！

解卦，坎为险在下，震为动在上，象征险而动。坎为内卦，震为外卦，险在内，动在外，动在险外，象征动则能免于险，是解卦。解卦，利西南，前往会得到众人的支持帮助。回来也得吉，是得中道的缘故。有事情前往，早去得吉，早去是有功效的。天地阴阳之气解散交感而雷雨兴起，雷雨兴起而百果草木种子都开裂抽芽。解的因时而作的意义大了啊！甲，壳。坼，开裂。

《象》曰：雷雨作，解。君子以赦过宥（yòu）罪。

雷雨兴起，是解卦。君子因此赦免过错、原谅宽恕有罪之人。坎为内卦，震为外卦，坎水像恩泽，雷震像刑罚，恩内而刑外。赦，赦免。宥，原谅宽恕，不再追究。

初六，无咎。

无害。

《象》曰：刚柔之际，义无咎也。

刚柔交接之际，应该是无害的。初六以柔居刚，能安静而不生事，自处得宜，所以无咎。

九二，田获三狐，得黄矢，贞吉。

打猎得到三只狐狸，又从它们身上取回黄矢，贞守得吉。狐，比喻狡猾的小人，天下之难，率自小人开始。黄矢，用杂木芯制作的箭杆，直、硬，箭中上品，象征九二中直，处下卦之中，以刚居柔，刚而不过于刚。

《象》曰：九二贞吉，得中道也。

九二贞守得吉，因为九二居下卦之中，言行深得中道。

六三，负且乘，致寇至，贞吝。

背负着东西，又乘在车上，举动反常，招致寇盗来抢，坚持下去有麻烦。背东西是下人的事情，而车子是君子乘的，象征小人窃位致乱。

《象》曰：负且乘，亦可丑也。自我致戎，又谁咎也？

背着东西乘车，是滑稽丑陋的。自己招致寇盗，又怪谁呢？

九四，解而拇，朋至斯孚。

放开你的脚拇指，让小人走开；这样朋友来了才可以招待，显示诚信。而，你。拇，指与九四呼应的初六，象征小人。人行动脚先动，脚拇指代表初六。

《象》曰：解而拇，未当位也。

放开你的脚拇指，因为位置不当。指九四阳爻处阴位，九四自处不当，而初爻与四爻为应，阴阳又相吸引，所以说九四有初六小人依附，得让小人走开。

六五，君子维有解，吉。有孚于小人。

维系住君子，患难解去，吉。对小人也讲诚信，让他们晓得不改恶从善就没有出路。

《象》曰：君子有解，小人退也。

君子患难解去，小人就退去了。

上六，公用射隼于高墉之上，获之，无不利。

公在高高的城墙上，射中了一只鹰，抓住了它，没有不利。公，指王公贵族一类人。用，指用射鹰的器具、办法。

《象》曰：公用射隼，以解悖也。

公用射鹰的办法，以除去悖乱。指消除逆潮流而动的因素。悖，逆。

四十一
损　卦

兑下艮上

综述：损，损下益上，损刚益柔。主爻为六五。损下面的利益而增益上面。损下则伤本，最终是下损上亦损。止损的根本办法是在位者惩戒愤怒、闭塞贪欲。初九，在损下益上的风气下，事成后立即上报，无害。斟酌自损益上，迎合上面的意思。九二，在损刚益柔的时候，阳刚最好是贞守中正，不损也不益。六三，天地万物都是合二生一，两个就会成为朋友；在有三个的情况下，必然会产生猜疑。要懂得这个自然规律。六四，减轻他的疾病，使他很快好起来，可喜无咎。六五，处于君位，来增益的人很多，但是再重的礼物，也不能违背占卜大龟的意愿（实际上指天意、民心）。这样才是天佑大吉。上九，不损下面，而增益下面，无害，坚持下去得吉，利于前进。这种做法施行于天下，得到臣民的拥戴，大为得志。

此卦的意义在于指出任何团体和个人用损的手段为自己增益的一般途径：损而有信用，内心至诚而且为人所理解所信赖；损而有时，时当损则损，时不当损则不损；要符合天意（以占卜体现，实际上是代表民众的意愿）。

损，有孚，元吉，无咎，可贞。利有攸往。曷之用？二簋可用享。

损卦，有诚信，大吉，无害，可贞守。利于有所前往。何用？两个椭圆的盛器，可以盛祭品用来祭祀。意思是祭祀不在于供物的多少，而在于心诚与否。古代祭祀最多用八个容器装供品，一般用四个容器。曷，同"何"。此卦说损下益上要知时，以诚意为主，比如，用两个容器装食品祭祀，是最简省的了，但只要心诚，也是可以的。意思是征收民众的利益尽可能简省些。

《彖》曰：损，损下益上，其道上行。损而有孚，元吉，无咎，可贞。利有攸往。曷之用？二簋可用享。二簋应有时，损刚益柔有时，损益盈虚，与时偕行。

损卦，损减下面增益上面，损之道是从下面向上行。损减而有诚信，大吉，无害，可贞守。利于有所前往。何用？两个椭圆器皿可以盛祭品用来祭祀。祭祀应该有一定时机，损减刚强补益柔弱有一定时机，损盈益虚，随着时机得当与否一起进行。

《象》曰：山下有泽，损。君子以惩忿窒欲。

兑为泽在下，艮为山在上；象征山下有泽，是损卦。君子因此损抑愤怒，杜塞贪欲。

初九，已事遄往，无咎，酌损之。

做完事要快前往，不要居功，无害。酌情、酌量减损自己而增益上面。已，做完了。遄，急速。损是损刚益柔，而又损下益上，初九为阳为刚，属于减损之列。

《象》曰：已事遄往，尚合志也。

做完事快去，是符合上面意志的。尚，上。

177

九二，利贞，征凶。弗损益之。

有利于贞守，前行则凶。不减损，也不增益他。征，前行。

《象》曰：九二利贞，中以为志也。

九二利于贞守，是以中道为自己志向的。

六三，三人行，则损一人。一人行，则得其友。

三人同行，就损减一人。一人独行，就得到志同道合的朋友。

《象》曰：一人行，三则疑也。

一人行可以，三人行就会发生猜疑。

六四，损其疾，使遄有喜，无咎。

减轻他的疾病，使他疾病痊愈得快而欢喜，无害。

《象》曰：损其疾，亦可喜也。

减轻他的疾病，也是可喜的。

六五，或益之，十朋之龟弗克违，元吉。

有人增益他，占卜的大龟也不能违背（意思是占卜结果也没有说不好），受益符合众人之意，大吉。十，泛指多。朋，二龟为朋。弗，不。克，能。

《象》曰：六五元吉，自上佑也。

六五的大吉，得自上天的保佑。

上九，弗损，益之，无咎，贞吉。利有攸往，得臣无家。

不减损下面的，而增益他们，无害，贞守吉。利于有所往，得到众多臣民人心归附，忘记了自己的小家。

《象》曰：弗损，益之，大得志也。

不减损下面的，而增益他们，大为得志。

益 卦

震下巽上

综述：益，损上益下。主爻为六二、九五。利益向下富民，则国家根本巩固，本固则上荣。初九，利用时机做大事，元吉无咎。六十四卦中唯此一卦在事情一开始就说可以大作为，是最高级别的元吉。因为是补益下面，所以越多越好。六二，受益而不违背居中得正之道，永远遵从这一条得吉。还会得到君王更大信任。六三，在灾难等非常之事上，增益下面百姓，无咎。但要报告上面，诚信而公正施行。六四，在重大事情上，要履正奉公，顺从民意，以坚定大家的意志。九五，如果有诚恳的惠民之心，不占问也是大吉的。诚信惠民会使自己的德行光大，志向得以实现。上九，求益无度，结果没有人增益他，反而有人打击他。凶。

前人对损、益二卦的综论：益上而损下，损下则伤其本，乃上下通损；损上而益下，益下则固其本，乃上下通益。损、益二卦皆损阳益阴，损有余而益不足。

益，利有攸往，利涉大川。

益卦，利于有所前行。利于渡涉大江大河。

《彖》曰：益，损上益下，民说无疆。自上下下，其道大光。利有攸往，中正有庆。利涉大川，木道乃行。益动而巽，日进无疆。天施地生，其益无方。凡益之道，与时偕行。

益卦，减损上面，补益下面，人民喜悦无限。上面损自己而给予下面，上面的德行就会得到发扬光大。利于有所前行，中正而有喜庆。利于渡涉大江大河，乘木之舟已在水面行驶。益卦震在下卦为动，巽在上卦为谦逊，动而谦逊，日有进益而无限量。上天施予而大地生育万物，天地的增益无所不在。所有增益的规律，与时令、时机的变化一起进行。

《象》曰：风雷益，君子以见善则迁，有过则改。

震为雷，巽为风，风雷相交为益卦；君子因此见善就向它学习、看齐，有过错就改。

初九，利用为大作，元吉，无咎。

利用于做大益于天下之事，大吉，无害。

《象》曰：元吉无咎，下不厚事也。

大吉无害，在下面的人本来就是不做大事情的。初九因为有六四相呼应，才能做大事情。

六二，或益之，十朋之龟弗克违，永贞吉。王用享于帝，吉。

有人增益他，十朋大龟占卜也没有说不好，永远贞守中正之德得吉。君王派他祭祀给上帝享用，吉。弗克，不能。

《象》曰：或益之，自外来也。

有人增益他，是从外面来的。指六二中正而虚中，很多人都会增益他。

六三，益之，用凶事，无咎。有孚中行，告公用圭。

增益他，用在灾难等非常之事上，无害。有诚信秉公而行，要以圭作为证明报告上级。圭，作为证明的信物。

《象》曰：益用凶事，固有之也。

增益而用于灾难非常之事，历来就有的。

六四，中行，告公从，利用为依迁国。

以中道行事，报告上级同意，利用为迁移国都的依据。从，听从，同意。

《象》曰：告公从，以益志也。

报告上级同意，用来坚定信念意志。

九五，有孚惠心，勿问元吉。有孚，惠我德。

有诚信和惠民之心，不用占问，大吉。有诚信，有利于自己德行的发扬光大。

《象》曰：有孚惠心，勿问之矣。惠我德，大得志也。

有诚信和惠民之心，不用问了，肯定得大吉。惠民有利于自己德行的发扬光大，大为得志。

上九，莫益之，或击之，立心勿恒，凶。

没人增益他，有人攻击他，立心不能持久，凶。

《象》曰：莫益之，偏辞也。或击之，自外来也。

没人增益他，因为他乞求补益的话是片面之词。有人攻击他，是从外面来的打击。指上九处益之极，求益不已，众人共恶。

四十三

夬 卦

乾下兑上

综述：夬，决口，决绝。主爻为九五、上六。君子决去小人之卦。一阴在五阳之上，象征阳长阴衰，阳要决去阴。初九，前脚趾受伤，锐意去除小人，但力量相去悬殊，不胜而战，会带来灾难。九二，在去除小人时非常警惕，倍加防备，中道而行，不用担忧。九三，仇恨摆在脸上，有凶。决绝地独自前往去除小人，遇雨不顺有愠色，无咎。九四，去除小人时不知有缓，走路困难，仍然要行动。别人的警告也不听，集体前去才能悔亡。九五，近于小人的君主，心里坚决要去除小人，以中道处理解决小人，去除小人而不过于暴力。无害。上六，小人至此已是哭无泪、号无声，小人终究不会长久。

夬，扬于王庭。孚号有厉。告自邑，不利即戎。利有攸往。

夬卦，将小人恶行宣扬于王庭。以至诚之心号召说有危险。从自己所住的邑来的报告说，不利于马上出兵。利于有所前进。

《彖》曰：夬，决也。刚决柔也。健而说，决而和。扬于王庭，柔乘五刚也。孚号有厉，其危乃光也。告自邑，不利即戎，

所尚乃穷也。利有攸往，刚长乃终也。

　　夬，是决去。五个阳爻在下，阳为刚；一个阴爻在上，阴为柔，刚要决去柔。乾为健，兑为悦，决去小人的行动强健有力而令人喜悦，决去小人的局面和平。阴柔小人张扬于朝廷，一柔临于五刚之上。诚信地号召大家说有危险，心存危厉使君子之道发扬光大。邑里来报告说马上出击不利，因为崇尚武力是末路之举。利有攸往，利于有所前进，刚长柔消才能终结。

　　《象》曰：泽上于天，夬。君子以施禄及下，居德则忌。

　　乾为天在下，兑为泽在上；象征泽在天上，是夬卦。君子因此分俸禄施给下民，而不能以有德自居。

　　初九，壮于前趾，往不胜，为咎。

　　前面的脚趾受伤，前往决阴不胜，会成为灾害。脚趾最下，象征开始。

　　《象》曰：不胜而往，咎也。

　　不能取得胜利而前往战斗，是灾难。

　　九二，惕号，莫夜有戎，勿恤。

　　警惕呼号，夜里有防守，不用担忧。莫，同"暮"，夜晚。

　　《象》曰：有戎勿恤，得中道也。

　　有防备不要担心，处理事情走在中道上。指九二处在下卦的中位。

　　九三，壮于頄（qiú），有凶。君子夬夬，独行遇雨。若濡有愠（yùn），无咎。

　　颧骨受伤，有凶。君子决绝地独个儿走路，碰上下雨。被淋湿，心有怒气，无害。頄，颧骨。愠，心有怨怒。壮于頄，指九三为乾的上爻，刚亢外露于脸上。又与上六有应的关系，所以在决去阴的行动中，有遇雨有愠之说。

《象》曰：君子夬夬，终无咎也。

君子决绝前行去除阴爻上六，最终无害。

九四，臀无肤，其行次且。牵羊悔亡，闻言不信。

臀部没有皮肤，无法安坐，走路困难。牵着羊走，悔消失；听别人告诫的话，不相信。次且，即趑趄，行路困难的样子。臀无肤，象征无法安坐。臀在后面为阴，九四处阴位；而九为阳刚之性、决阴之志又使他要往上行。牵羊悔亡，羊象征五个阳爻决去上六阴爻的群体，拉拽着他们一起前去，悔恨就消失了。

《象》曰：其行次且，位不当也。闻言不信，聪不明也。

其行困难，九四阳爻处于阴位，所处的地位不中不正，所以居则不安，行则不进。闻言不信，耳朵听不清楚的缘故。

九五，苋陆夬夬，中行无咎。

要像折断马齿苋那样决绝地去除小人，中道而行无害。马齿苋象征九五，想要去除它上面的阴爻，但它与上六比邻，阴阳相吸，受影响较重，显得有心而不够坚决。但九五处中，中道而行则无害。苋陆，马齿苋，一年生草本植物，柔脆易折。

《象》曰：中行无咎，中未光也。

中道而行为什么只得到无咎的结果呢，因为九五中正的行为还没有影响广大。

上六，无号，终有凶。

小人不用号哭，因为最终有凶。

《象》曰：无号之凶，终不可长也。

不用号哭的凶，因为最终是不可能长久的。

四十四

姤　卦

巽下乾上

　　综述：姤，遇见。主爻为初六、九五。一阴遇五阳。阴长阳消，此卦说五阳如何制止一阴的生长。初六，在阴将上长之初，把它系在马车的金属刹车上，不让阴前进，始终如此才能吉利。九二，是制止阴长的主力，厨房有了初六这条鱼，也就制止了初六的上进消阳。九三，行动困难，但仍然要制阴，有危险，没有大害。九四，初六已经被牢牢包围，九四已无可包，但处大臣之位，近君而远民，将生出凶来。九五，制阴的领导者，用枸杞的枝条将初六像瓜一样包起来，不动声色，等待上天来处罚这只瓜，等待瓜自己熟透烂掉，制服阴长。上九，居最上穷极之位，穷吝堪忧。

　　姤，女壮，勿用取女。

　　姤卦，女子强，胜过男子，不用娶这个女的。指姤乃方进之阴，渐壮而敌阳者，所以不可娶。

　　《象》曰：姤，遇也，柔遇刚也。勿用取女，不可与长也。天地相遇，品物咸章也。刚遇中正，天下大行也。姤之时义大

矣哉。

姤，遇见，一柔遇五刚，柔遇见刚。不要娶这个女的，不可与之长久共处，她是来消阳的。天地相遇，阴阳两气交接，各种物类都彰明畅茂生长。九二、九五为阳爻，为刚，处在下卦中位和上卦中位；所以说刚遇中正，中正之道大行于天下。姤的合时而动的意义大了啊！咸，全，全部。章，同"彰"，彰显。

《象》曰：天下有风，姤。后以施命诰四方。

乾为天在上，巽为风在下，象征天下有风，是姤卦。君主用发布命令来告知四方。后，君主。

初六，系于金柅（nǐ），贞吉。有攸往，见凶。羸豕孚蹢（zhí）躅。

把它系在用于刹车的铜柅上，贞守得吉。有所前进，会出现凶。弱小的母猪在浮躁徘徊。柅，刹车的木块，这里用铜柅，表示系得更牢固。羸，初六微而处于下，指看见苗头就处置，不让它长大。孚，通"浮"，浮躁。初六一阴始生，将要向上生长，比喻为弱小的母猪在浮躁地徘徊，想要前进。这时要把它系在刹车上，不让它前进。如果让它前进，则会阴长阳消，出现凶险。

《象》曰：系于金柅，柔道牵也。

系在用于刹车的铜柅上，柔上进之道就被牵制住了。

九二，包有鱼，无咎，不利宾。

九二，厨房有了初六这条鱼，无害，不利于外来的人制止初六。九二在初六的上面，有责任制止、限制初六。在《周易》里，鱼作为阴物的象征，这里指初六。包，通"庖"，厨房。宾，外人。

《象》曰：包有鱼，义不及宾也。

厨房有了初六这条鱼，应该就不涉及外人了。义，宜，宜于。

九三，臀无肤，其行次且，厉，无大咎。

臀部没有了皮肤，行走趑趄难进，危厉，没有大害。臀无肤，象征九三阳刚过盛，下不遇初六，上敌应于上九，无法安坐。

《象》曰：其行次且，行未牵也。

行走困难，他的行动没有被用绳子牵制住。牵，牵制，拴。

九四，包无鱼，起凶。

厨房里没有鱼，将生出凶险。九四应该与初六呼应，但初六已经被九二所包有，九四无所包了，刚居阴位，又近于君位，会生出事情来。起，起始，将生。

《象》曰：无鱼之凶，远民也。

无鱼的凶，是远离民众。因为九四处在大臣之位，高高在上。

九五，以杞包瓜，含章，有陨（yǔn）自天。

用枸杞的枝条来包瓜，含晦章美不露，让上天使它殒命。含章，指九五含晦章美，静以待之。陨，死，这里说的是九五对付初六的做法，让瓜自己烂掉。

《象》曰：九五含章，中正也。有陨自天，志不舍命也。

九五含晦章美，因为它居中得正。让上天使它殒命，志在不放弃自己制止阴长阳消的使命。

上九，姤其角，吝，无咎。

处在姤的最高处，像处在兽的角上，有忧虑，无害。

《象》曰：姤其角，上穷吝也。

处于姤的最高处，已经到了穷困的地步。上九一爻远离小人，不与阴遇，不能制阴，故说穷困。

四十五
萃 卦

坤下兑上

综述：萃，聚集，以诚信而聚集。主爻为九五。九五荟萃众人，众人也向它聚集。萃是兴盛之卦。初六，有诚心报国而不得其门的人才，在国家人才荟萃的情况下，不要有顾虑，前往无害，一握为笑。六二，有人引见，吉利。犹如祭祀，只要心中诚敬，无论礼节怎样简单，祭品怎样薄，都可以。六三，有报国之志而又报国无门，没有任何关系可以去聚集的人，嗟叹不已。通过近臣见于君王，无害但心里不爽。九四，近臣而得人才之心者，大吉。但容易引起主上疑心，最终只能是无害的结果。九五，至尊之位，人才对他信任度不够，有位还须有诚信，永远贞守，才能悔亡。上六，处在荟萃之极、聚而将散时的人才，包括被贬斥在外的放臣，想聚而不得聚，嗟叹哭泣。只要报国之心坚定不移，最终无害。

萃，亨，王假有庙。利见大人，亨，利贞。用大牲吉，利有

攸往。

萃卦，通顺，君王借宗庙祭祀之机萃聚人气、招揽人才。人才前往见大人有利，通顺，有利于贞守。用大牲畜祭祀吉，利于有所前进。

《彖》曰：萃，聚也。顺以说，刚中而应，故聚也。王假有庙，致孝享也。利见大人亨，聚以正也。用大牲吉，利有攸往，顺天命也。观其所聚，而天地万物之情可见矣。

萃，聚集。坤为顺，兑为悦，象征顺利而喜悦。九五阳爻居上卦之中；六二阴爻居下卦之中，与九五相应；刚中而相呼应。所以有聚会之象。君王借在庙里祭祀天地时表达孝敬祖宗之心。利于见大人通顺，因为是正道来聚会。用大牲畜祭祀吉利，利于有所前往，顺天道行动，得到天的保佑。观察那聚会，天地万物的物以类聚情状就可以看到了。

《象》曰：泽上于地，萃。君子以除戎器，戒不虞。

坤为地在下，泽为水在上；水在地上往低处流，是萃卦。君子因此修理兵器，戒备意外的变乱。除，整治，修缮。虞，预料；不虞，预料不到的意外事故。

初六，有孚不终，乃乱乃萃，若号，一握为笑，勿恤，往无咎。

有诚信去聚会，不能坚持始终。弄乱了聚会，像号哭，一握为笑接纳他。不用顾惜，往行无害。从爻位上说，初六应该与九四应聚，但九五也是阳爻，处君位，使得初六乱了心思，把聚会弄乱了。如若正应，九四还是会一握为笑接纳初六。乃，前一个乃字是虚词，作"而"字理解，后一乃字作"你"字解。

《象》曰：乃乱乃萃，其志乱也。

弄乱了聚会，因为他的志向错乱。

六二，引吉，无咎。孚乃利用禴（yuè）。

援引得吉，无害。诚信是有利于简薄的祭祀的。引，汲引，引见。禴，简薄的祭祀。这里说，六二虽然与九五正应，但六二为阴为女，不能自己主动上前找九五。由九五汲引，于六二才无害。

《象》曰：引吉无咎，中未变也。

援引得吉无害，心中的诚信没有改变。

六三，萃如嗟如，无攸利，往无咎，小吝。

聚会着，叹息着，无所利，前往无害，但有不妥之处。六三与九五不应不比，求萃无所利，所以叹息。但六三比邻九四，前去聚会不会有害，由于不是聚于九五，所以是不妥的。

《象》曰：往无咎，上巽也。

前往无害，向上去聚会是顺的。巽，顺。

九四，大吉，无咎。

大吉，而结果只是无害。

《象》曰：大吉无咎，位不当也。

大吉而结果无害，位置不当。近君之位上比于九五，下比众阴，大吉。但九四为阳处阴位，所处的位置不当，有此大吉，为君所忌。只能得到无害的结果。

九五，萃有位，无咎。匪孚，元永贞，悔亡。

有聚集众人的地位，无害。信用不够，用最大的诚信长期贞守，悔恨才能消失。

《象》曰：萃有位，志未光也。

有聚集众人的地位，志向还没有发扬光大，为百姓所知晓。

上六，赍（jī）咨涕洟（yí），无咎。

怀有不释，叹气流泪，无害。赍，怀抱。咨，叹息。洟，即鼻涕。这里说上六处于萃卦之极，聚而将散，欲聚而不得聚，所以哭泣。如果相聚之心坚定，还是无害的。

《象》曰：赍咨涕洟，未安上也。

怀有不释，叹气流泪，因为不安于在上、在外的位置。李光地以为上六是放臣弃子，被贬斥的人。

四十六
升 卦

巽下坤上

综述：升，进而上，上升。主爻为初六、六五。初六，本为柔质，利于得人缘，上升之初，需要上面应允，得众人好评，大吉。九二，诚信，则简薄无咎。至诚之心取得六五信任，有喜。九三，过刚，勇于前进，升入虚空的城邑，无所疑畏。六四，近臣，柔质，深得君心，派他祭祀山川上帝祖先。大吉无咎。六五，升入人臣极位，大为得志。不能犹疑多变，贞固方可得吉。上六，昏升，糊里糊涂升官了，利于贞守自强不息的精神。还要自我消损财富，保持内心不满盈。

升卦与晋卦、渐卦都是进的意思，只是进的程度不同。晋卦是明出地上，有如太阳升起，明盛向上，是最好的进。升如木由始生而终成大树的过程，依时而长，并无阻碍，义虽不如晋优，但也挺好。渐是木既生之后渐渐高大，有个等待的问题，义又不如升好。升实际上是柔之升，不是刚之升。柔之升，特点是以时升，以时升则需从容渐进，顺势而行，可升则升，不可升则不升，表现出一种上下皆适的势态。

升，元亨。用见大人，勿恤。南征吉。

升卦，大通顺。用自己的才智、道德修养见大人，不要有顾忌。前进得吉。南征，指在仕途上前进，不是说向南前进。

《彖》曰：柔以时升。巽而顺，刚中而应，是以大亨。用见大人勿恤，有庆也。南征吉，志行也。

柔应时上升。巽谦逊而坤顺，是巽而顺。九二为刚，居下卦之中；六五为柔，居上卦之中，刚中与柔中相呼应。因此大通顺。用自己的才智、道德修养见大人，不要有顾忌，因为会有喜庆的，是好事。上进吉，自己的志向会得到实行。恤，顾忌。

《象》曰：地中生木，升。君子以顺德，积小以高大。

巽为木在下，坤为地在上，象征地中生木，是升卦。君子因此遵顺从之德，积小善以上升到高、大的境界。

初六，允升，大吉。

得到各方的允许而上升，大吉。

《象》曰：允升大吉，上合志也。

得到各方的允许而上升，大吉，是与上面的意志相符合的。

九二，孚，乃利用禴，无咎。

诚信，有利于用作简薄的祭祀，无害。

《象》曰：九二之孚，有喜也。

九二的诚信，是会有喜庆的。

九三，升虚邑。

升入到虚空的城邑。九三上升即入坤卦，阳为实，阴为虚，所以说升入虚邑，也说明九三勇于上进。

《象》曰：升虚邑，无所疑也。

升入到虚空的城邑，没有什么疑畏。

六四，王用亨于岐山，吉，无咎。

君王用六四在岐山祭祀供享上帝和祖先，吉，无害。亨，同"享"。

《象》曰：王用亨于岐山，顺事也。

君王派他祭祀供享于岐山，是顺天心、人心的事。

六五，贞吉，升阶。

贞守得吉，升上台阶。指已经升到臣位之极了。此爻不作君主解释，君主是不升官的。

《象》曰：贞吉升阶，大得志也。

贞守得吉，升到臣位之极，大为得志。

上六，冥升，利于不息之贞。

昏头昏脑地上升，知进而不知止。利于自强不息的贞守，不以盛满自居。冥，昏。李光地说，"冥升"与"进其角"同义，都是进而不能退，对阳爻用"角"字，对阴爻用"冥"字。

《象》曰：冥升在上，消不富也。

昏头昏脑地上升到上面，自我损消，使之不富，才能保全自己。

四十七

困　卦

坎下兑上

综述：困，穷困，困顿，道穷力竭。主爻为九二、九五。但是卦辞说亨通，这不是说凡是在困的时候都能亨通，困而变亨是有条件的。困的处境可以激励人的心志，磨炼人的毅力，促使人出困求通。困能够逼迫人把困难转变为亨通。不过只有守正道的君子才能变困为亨，才能得吉而无害。初六，困于深谷三年，身困加心困，只能扛着。九二，无衣食之忧，又加官进爵，但心困于志不能申。动则凶，不动则无咎。六三，妄行取困，前后受困，回家也看不到妻子，凶险得很。九四，不当位，受困在金车里，穷吝不通。但有九五比邻，最终有好结果。九五，困而不得志，为官位所累，要中道直行，徐图出困之计，利用祭祀得到精神支持。上六，困境缠绕，危险不安，是动有悔不动也有悔。但处于困极将通之际，出行得吉。

困，亨。贞，大人吉，无咎。有言不信。

困卦，通顺。贞守正道的大人吉，无害。处于困境，说话别人也不相信，多说反而更不好。

《彖》曰：困，刚掩也。险以说，困而不失其所亨，其唯君子乎。贞大人吉，以刚中也。有言不信，尚口乃穷也。

困卦，下卦坎为阳卦，为刚；上卦兑为阴卦，为柔，刚为柔所掩蔽。坎为险，兑为悦，处险而乐天安义，困难而没有失掉它的亨通，唯有君子才能做到吧。贞守正道的大人得吉，因为阳爻处于中位。处于困境，说话人家也不会相信，崇尚口辩是无益的。说，即"悦"，指乐天安义。此卦的九二为阳爻，为刚，居下卦之中；九五为阳爻，为刚，居上卦之中，所以说刚中。

《象》曰：泽无水，困。君子以致命遂志。

坎为水在下，泽在上，水在泽下，象征泽中无水，为困卦。因此君子处困境要舍命完成他的志向。致，给予。遂，完成。

初六，臀困于株木，入于幽谷，三岁不觌（dí）。

臀部困苦地坐在无枝无叶的树木之下，毫无庇护，入陷于深谷，三年不见天日。株木，光秃秃的树木。觌，见。

《象》曰：入于幽谷，幽不明也。

陷于幽谷，幽暗不明亮，看不到光明。

九二，困于酒食，朱绂（fú）方来，利用享祀，征凶，无咎。

为酒醉饭饱所困，朱红色的官印刚来，利用它们祭祀供享上帝祖先。处于困中，行动则凶，不动则无害。绂，拴印章的丝绳。君子的困表现在道不能通行，志不能申。九二是阳爻，是君子之困，亦即道困，酒足饭饱、加官进爵都不是他所追求的。

《象》曰：困于酒食，中有庆也。

为酒醉饭饱所困，守中道有可庆贺的。

六三，困于石，据于蒺藜，入于其宫，不见其妻，凶。

在乱石堆里受困，四周都是蒺藜，出不了困，回到家里，看不见他的妻子，凶。从爻位上说，九四不中不正像个石头挡着六三；九二像一窝刺使六三推不开、坐不下。应该与之呼应的妻子上六也看不到，凶极了。

注意，六三是阴爻，但爻辞里说"不见其妻"。说明阴爻、阳爻没有男女之分，只是说事需要而已。而且六三的妻子只能是与之有呼应关系的上六。

《象》曰：据于蒺藜，乘刚也。入于其宫，不见其妻，不祥也。

倚靠在蒺藜上，是柔乘在九二刚上的缘故。入于其宫，不见其妻，是不祥之兆。宫，指六三自己的位置，上六与六三为敌应，不可能相见。

九四，来徐徐，困于金车，吝，有终。

慢慢地来，受困在高档的金车里，有忧虑，最终有结果。来徐徐，比喻九四在困难时，不想上进。困于金车，指九五招之以金车，不容不来。勉强自己则可羞吝。然而九五之刚中正，为大人，与之同德，九四终有亨通的结果。

《象》曰：来徐徐，志在下也。虽不当位，有与也。

慢慢地来，初六与九四阴阳相应，九四志在下位的初六。虽然位置不当，但是有九五近比相与帮助。

九五，劓刖，困于赤绂，乃徐有说，利用祭祀。

遭受削鼻断足的惩罚，受困于赤色的印章绶带，被官位所限制，得慢慢解脱，有利于用祭祀来谢神灵。劓，削鼻之刑。刖，断足之刑。说，通"脱"。

《象》曰：劓刖，志未得也。乃徐有说，以中直也。利用祭

祀，受福也。

遭受削鼻断足的惩罚，因为志向未能实现。慢慢解脱，因为内心正直，终有解脱的一天。利用祭祀，接受上天的赐福。

上六，困于葛藟（lěi），于阢陒陒。曰动悔，有悔，征吉。

困于藤蔓，在动荡不安中，动辄有悔。有悔，出行则吉。藟，藤缠绕。

《象》曰：困于葛藟，未当也。动悔有悔，吉行也。

困于藤蔓，所处不当。动有悔，不动有悔，前行是吉利的。

四十八

井 卦

巽下坎上

综述：井，以养民为义。主爻为九五。初六，枯干的废井，被时代所舍弃，不但无人来，连禽兽也不光顾。象征人才遭废弃。九二，在井中射击小鱼，没有人可以依附。九三，井清理好了，成为洁泉，可以打水了，而没有人来汲水，路过的人都感叹可惜。求开明的君主，启用修好了的井，国家民众会并受其福。六四，修井无害。指六四柔弱之才，无大的济世之功，但能修治其事，无害。九五，井水甘洌纯正。指人才处中正之道，造福于世。上六，井用过了不要盖上，其他人还要打水的。象征人才最终大成，为世所用，诚信大吉。

井卦从字面上看，纯是就井说井，但爻辞是只说人事，不论天理的，人事在哪里？时者，易失而难得。实际上对于那些业绩显著，因为各种因素而长期在一个岗位上的人是有内心修养意义的。仕途是个金字塔形的，是几十、几百进一的选择，哪能人人如意。这样的人为数不少，像井一样不会动，但一个人的人生价值不是别人给的，"井洌寒泉食"是井自有的品质，为百姓所称道享用。此卦上爻也不取物极而反的程式，因为井水永远会为人们所食用。

井，改邑不改井，无丧无得。往来井井。汔（qì）至，亦未繘（jú）井，羸其瓶，凶。

井卦，人可以改变居住的村邑，不会搬走水井，井水打了不会少掉，不打水也没有多起来。来往的人使用井，打井里的水。水快打上来了，井绳还未出井，把汲水瓶打破了，凶。汔，接近。繘，打水用的井绳。未繘井，指绳子未出井口。羸，败，引申为破毁。

《象》曰：巽乎水而上水，井。井养而不穷也。改邑不改井，乃以刚中也。汔至亦未繘井，未有功也。羸其瓶，是以凶也。

巽为木，坎为水，木桶下水而打上水来，为井卦。井水养人而源源不断。改邑不改井，因为九二、九五为刚，居下卦及上卦的中位，为刚中，他们的刚中之德像井一样不会改变。水快打上来了，井绳还未出井，把汲水瓶打破了，劳而无功。打破了汲水瓶，因此是凶的。

《象》曰：木上有水，井。君子以劳民劝相。

巽为木在下，坎为水在上，象征木桶打上来有水，是井卦。掘井要花人力，也非一人可为，君子因此犒劳民众并劝告他们互相帮助。

初六，井泥不食，旧井无禽。

水井有泥，无水可喝。旧的井废弃了，禽兽也不来喝水。从爻位上说，初六没有上援，与六四两阴不相应，无法上水，为世所舍弃。

《象》曰：井泥不食，下也。旧井无禽，时舍也。

水井有泥，无水可喝，水在泥的下面。旧井鸟兽也不来光顾，时代舍弃了它。

九二，井谷射鲋（fù），瓮敝漏。

在井底的水眼里射击小鱼，水瓮又破又漏，不能储水。井谷，出水的泉眼。射，注入。从爻位上说，二位与五位本来是呼应的，但九二与九五皆为阳爻，不应。所以九二无人相助，像个破瓮无法出水养人济物，象征人才无人相助而不为世用。

《象》曰：井谷射鲋，无与也。

在井底射击小鱼，没有可以亲附之人。

九三，井渫不食，为我心恻。可用汲，王明，并受其福。

井清洗过了，水清了却没人喝，我为此心里悲伤。可以汲水食用，国王明察，臣民都会得到井的好处。从爻位上说，九三以阳居阳得正，是有用之才，又应于上六，可是处在井里，君王没有发现，未得其用。

《象》曰：井渫不食，行恻也。求王明受福也。

井清洗过了，水清了却没人喝，行道之人都感到可惜。求王明察而启用，使他人受福。

六四，井甃（zhòu）无咎。

井壁砌好了，无害。甃，井壁，这里指修井壁。象征六四能修治其事，所以无害。

《象》曰：井甃无咎，修井也。

井壁砌好，无害。因为修井为了吃水。

九五，井洌（liè）寒泉食。

井水甘洁凉爽，可喝。洌，甘洁。

《象》曰：寒泉之食，中正也。

寒泉被食用，处中得正的缘故。象征九五居上卦之中而正。

上六，井收勿幕，有孚元吉。

打水过后，不要盖上井口，其他人也要打水用的，有诚信大吉。收，结束，指打水之后。幕，盖。

《象》曰：元吉在上，大成也。

大吉在上，人才造福于民之道大获成功。

四十九
革　卦

离下兑上

综述：革，革去，改革，革命。主爻为九五。程颐说："革之所以致其通也。"穷则变，变则通，道出了改革的根本意义。初九，手脚被牢牢束缚住，不能有什么行动作为。六二，准备一段时日，条件成熟才出征，得吉无害。九三，出征途中遇到凶险，坚守不动有危险。既已行动，就不能中途不动，但要再三宣传革命，得到百姓的信任。九四，悔恨消失了，换代改命成功，大吉。指出革的根本问题在"有孚"，有诚信，上上下下都心向往了，改命就成功了。九五，新的制度推行，面貌为之一新，不用问卦老百姓也会认可的。上六，君子在各部门出台更细的规则润色改革鸿业，小人表面也会拥护改革。此时需要贞守巩固一段时间，使小人既"革面"又"革心"。改革成功了，不能老是变革，使得百姓不能安居乐业。继续出征有凶。

革，已日乃孚，元亨，利贞，悔亡。

革卦，改革已经有成果之日人们才会相信，大通顺，有利于贞守，悔消失。已，已经完成。

《彖》曰：革，水火相息，二女同居，其志不相得，曰革。已日乃孚，革而信之。文明以说，大亨以正。革而当，其悔乃亡。天地革而四时成，汤武革命，顺乎天而应乎人，革之时大矣哉。

革卦，离为火在下，兑为泽在上，象征水火相灭，引起变革。革卦的下卦离为中女，上卦兑为少女，象征二女同居，她们的志向不相合，称为革卦。已日乃孚，改革一段时日后看见真实可信情况，人们才改变观念而相信改革。离为火，象征文明；兑是说，即悦。文明而喜悦，大亨通而正。改革而恰当，悔才消失。天地变革而四季完成，商汤被周武王革命，顺乎天命而应于人心。革的应时之用大了啊。已日，泛指经过一段时日。

《象》曰：泽中有火，革。君子以治历明时。

泽中有火，水火不相容，不是火灭就是水干，是革卦。君子因此修明历法，明确时令规定。

初九，巩用黄牛之革。

捆得牢固要用黄牛皮制成的绳子。巩，结实，坚固。

《象》曰：巩用黄牛，不可以有为也。

用黄牛皮绳子捆住，不可以有什么作为的。初九处改革之初，人小力微，不可以动。

六二，己日乃革之，征吉，无咎。

经过一段时日的酝酿造势才改革原来的东西，出征吉，无害。

《象》曰：己日革之，行有嘉也。

过一段时日才革去旧的，行动有可称赞的地方。

九三，征凶，贞厉。革言三就，有孚。

出征凶，贞守不动有危险。改革的话要宣传多次，才有信用。三，泛指。

《象》曰：革言三就，又何之矣。

改革的话成功宣传多次了，事情做得至审至当，除了相信以外，又能怎么样呢。

九四，悔亡，有孚改命，吉。

悔消失了，有了信用，天命已改，吉利。

《象》曰：改命之吉，信志也。

改命的吉，相信他的志向对头。

九五，大人虎变，未占有孚。

有德有位的大人改变得像老虎身上的花纹那样明显，未占问就已经相信。指新的变革带来新气象，朝廷行政完全是新面貌。

《象》曰：大人虎变，其文炳也。

有德有位的大人的改变像老虎身上的花纹那样明显，他的文采鲜明。炳，光明，鲜明。

上六，君子豹变，小人革面。征凶，居贞吉。

君子改变得像豹身上的花纹那样纹理细密，而小民脸上表现了对革命的认同。出征凶，居家贞守得吉。君子，指下级行政人员。征凶，居贞吉，指改革成功了，不能不停地改下去。

《象》曰：君子豹变，其文蔚也。小人革面，顺以从君也。

君子改变得像豹身上的花纹那样纹理细密，文采更丰富了。小人革面，顺从地跟君主走。

五十
鼎 卦

巽下离上

综述：鼎，鼎新。主爻为六五、上九。生的食材放进鼎里烧煮出新的食物。初六，鼎新的开始，倒出里面的陈旧食物，装入新的物料，没有害处。九二，鼎里有食物，象征一个人有才，慎重自己的言行，仇人想加害也无法下手，得吉。九三，鼎耳弄坏了，无法移动，里面有美食吃不到。下雨污了食物，可惜，终吉。象征君子有才，报国无门，最终得用获吉。九四，鼎腿折断了，不但把君主的食物倒翻了，还弄了自己一身，凶。象征位高权重而不胜任的大臣，得凶。六五，铜鼎耳，铜抬杠，贞守有利。六五君位，才力柔弱，处中而广用人才为表里，实而不虚，坚持贞守才有利。上九，人才处于功成致用的地位，只要善处，像玉一样刚柔适宜，就会大吉无不利。

鼎，元吉，亨。

鼎卦，大吉，通顺。

《彖》曰：鼎，象也。以木巽火，亨饪也。圣人亨，以享上帝，而大亨以养圣贤。巽而耳目聪明，柔进而上行，得中而应乎刚，是以元亨。

鼎卦，取鼎之象为卦名。巽为木在下，离为火在上，象征用木生火，烹煮食物。圣人烹煮食物来祭祀上帝，而大量烹煮食物用来养圣贤。巽为谦在下，离为明在上，象征谦逊而耳目聪明。离为柔卦，在上卦，所以说柔进而上行。九二是阳爻，为刚，居下卦之中；六五是阴爻，居上卦之中，是为柔得中而应于刚。因此大通顺。彖辞中的前面三个亨，同"烹"，烹饪，最后的亨为通顺。古代文字还不丰富，用字也不像清代那样字字严格考证，一字多用、互相借用的情况随处可见，得自己注意鉴别。

《象》曰：木上有火，鼎。君子以正位凝命。

巽为木在下，离为火在上，象征木上有火，是鼎卦。君子因此端正位置，完成上级命令。凝，注意力集中。

初六，鼎颠趾，利出否。得妾以其子，无咎。

鼎的脚颠倒在上，利于倒出鼎中陈旧变质的食物。旧的不去，新的不来。婢女生了儿子而成为妾，无害。否，坏的。

从说鼎突然转而说妾，不好理解。这是《周易》一个常用的表述方法，由说象征的事物转述人世间的事情。初六阴爻，处在最下面，又不当位，上应九四，九四为近君大臣。初六像是九四家中的婢女，生了个儿子，像是鼎里倒掉了坏食物，烧出了新食物，才成为妾。

《象》曰：鼎颠趾，未悖也。利出否，以从贵也。

鼎的脚颠倒在上，没有悖谬。利于倒出鼎中陈旧的坏食物，装入新鲜食物。贵，双关语，既指新鲜食物，又指母从子贵。

九二，鼎有实，我仇有疾，不我能即，吉。

鼎里有食物，我的仇人想加害，但不能靠近我，吉。疾，害。即，靠近。不我能即，就是不能即我。从爻位上说，九二刚为实，像鼎中有食。九二居中，有济用之才，上应六五。但与初六比邻，初六阴必求比于阳，九二不从则结仇为害。

《象》曰：鼎有实，慎所之也。我仇有疾，终无尤也。

鼎里有食物，移动到他处要慎重。象征有用之才，自己要谨慎行为去处。我的仇人有害，而我自守以正，最终无忧。之，往。尤，当"忧"用。

九三，鼎耳革，其行塞，雉膏不食。方雨，亏悔，终吉。

鼎耳坏了，不能搬动了，鼎里的野鸡肉没人吃。天方下雨，落入鼎里，美食亏污了令人可惜后悔，最终吉。九三刚而位正，象征有才，需君主六五起用。但与六五没有比、乘、承、应等任何关系，失其道不通，有才如野鸡美食，也无法与六五相合。但君子含蕴其德，日久而必彰，守其道日久必通。终当获吉。

《象》曰：鼎耳革，失其义也。

鼎耳坏了，失去了宜于搬动的抓手。义，宜。

九四，鼎折足，覆公悚（sù），其形渥（wò），凶。

鼎的脚折断了，倒翻了公的美味，弄得身上都是湿乎乎的粥，凶。折足，指九四与初六呼应，初六有鼎足之象，为小人，不堪为应，弄得倒翻了粥。公，公爵，五等爵位的第一等。悚，粥。渥，湿润，沾濡。

《象》曰：覆公悚，信如何也。

弄翻了公的粥，哪里还有信任可言呢。从爻位上说，九四处大臣之位。

六五，鼎黄耳，金铉，利贞。

金黄色鼎耳，铜的抬杠，利于贞守。鼎的举措移动在于耳，象征六五君位。铉，抬鼎的杠子。

《象》曰：鼎黄耳，中以为实也。

金黄色鼎耳，六五以中为实。《周易》以阳为实，以阴为虚。六五为阴，应该为虚，但六五处中，得中道，所以以中为实。此处可以看出《周易》更以中为贵。

上九，鼎玉铉，大吉，无不利。

鼎用镶玉的抬杠，大吉，没有不利。

《象》曰：玉铉在上，刚柔节也。

镶玉的抬杠在上位，刚柔调节适中。指上九阳爻，处于阴位，刚柔得到调节，不过刚，不过柔。

五十一
震　卦

震下震上

综述：震，动。主爻为初九。震就是动，不说动，是因为震有动而惊惧的意思。初九，听到打雷害怕，遇事有知惧之心，恐能致福。然后方能遇事言笑自如，和适安详而不害怕。惧而后能不惧，得吉。六二，为乘刚者，在初九阳刚之上，恐惧感格外严重。只要中道而行，恰当地处理遇到的问题，就没有什么损害，即使失去也会复得。六三，阴处阳位，不得位，听到打雷人都酥软了。前行则可以变有灾为无灾。九四，陷于四阴之间，像处在泥沼里。志向不能推行光大，只能待时。六五，处于往来雷震之中，行事走中道，恐惧修省，不会有损失，有祭祀的事情要做。上六，雷震得索索发抖，征兆很凶，雷震在邻居家就能知道恐惧，所以凶而无害。

震，亨。震来虩（xì）虩，笑言哑哑。震惊百里，不丧匕鬯（chàng）。

震卦，通顺。霹雳打下来时，有人害怕不安，有人哈哈笑着继续说话。震惊百里的大霹雳，主祭人手里木制的匕叉没有从手里掉下来，从鼎里挑出肉的状态没有一点迟疑不畅。虩，恐惧的样子。哑，即畅。

《象》曰：震亨。震来虩虩，恐致福也。笑言哑哑，后有则也。震惊百里，惊远而惧迩也。不丧匕鬯，出，可以守宗庙社稷，以为祭主也。

震卦通顺。对霹雳打下来害怕不安的人而言，恐惧谨慎会招致福祉。而对笑言哑哑不慌张的人，他后来所作所为都会有板有眼有法则。震惊百里，使远近地方都惊惧。木制的匕叉没有从手里掉下来，一点都不害怕而镇定，出去可以守护宗庙国家，作为祭祀宗庙社稷的祭主。迩，近。匕，木制的刀叉，从鼎里分割、挑出祭祀的肉用。

《象》曰：洊雷，震。君子以恐惧修省。

重复地打霹雳雷，是震卦。君子因此恐惧修德自省反思。洊，再，指上卦下卦都是震卦。

初九，震来虩虩，后笑言哑哑，吉。

霹雳打下来，害怕不安，后来言笑自如，得吉。

《象》曰：震来虩虩，恐致福也。笑言哑哑，后有则也。

霹雳打下来，害怕不安，恐惧可以招致福祉。笑言哑哑，后来行动有规矩法则。

范仲淹说："君子之惧于心也，思虑必慎其始，则百志弗违于道。惧于身也，进退不履于危，则百行弗罹于祸。故初九震来而致福，慎于始也。"

六二，震来厉，亿丧贝，跻于九陵。勿逐，七日得。

霹雳打下来危险，钱币丢失了，登上九重山。不用追寻，过一段时间失去的还会得到。亿，通"噫"，感叹词。跻，升。

逐，追。

《象》曰：震来厉，乘刚也。

霹雳打下来危险，是柔乘于刚上。指六二处在初九之上，初九又是震源。

六三，震苏苏。震行无眚。

霹雳打下来，人吓得酥软了。霹雳打下来，前行没有害处。指六三前行有九四相助。眚，灾害。

《象》曰：震苏苏，位不当也。

霹雳打下来，人吓得酥软了，因为所处的地位不恰当，所以恐惧发抖。指六三阴处阳位，位不当。

九四，震遂泥。

震动得掉到污泥里。从爻位上说，九四阳处阴位，不当位，上下各有两个阴爻，好像陷于泥潭里。遂，落下。

《象》曰：震遂泥，未光也。

震动得掉到污泥里，刚而向上的志向还未能光大。

六五，震往来厉，亿无丧有事。

霹雳打了又来，危厉，无所丧失，但有祭祀求保佑的事。在《春秋》书中，祭祀都称为"有事"，所以《周易折中》里用这个解释。

《象》曰：震往来厉，危行也。其事在中，大无丧也。

霹雳打了又来，危厉，危惧之心表现在行动上。行事走中道，大大地没有损失。

上六，震索索，视矍矍（jué），征凶。震不于其躬于其邻，无咎。婚媾有言。

霹雳打下来双脚发抖，目光慌乱不定。出征则凶。霹雳不打在他的身上，打在邻家，无害。亲家有流言蜚语。矍矍，不安定的样子。

《象》曰：震索索，中未得也。虽凶无咎，畏邻戒也。

霹雳打下来双脚发抖，因为处于上极之处，心中无主。虽凶无害，因为见到邻居家被雷击而知道惧怕、戒备。

五十二

艮 卦

艮下艮上

综述：艮，止。主爻为上九。艮卦以人体取象，所说的止，实际上是自我控制的问题，是自止。止的含义，还有坚持的意思。坚持干什么是止，坚持不干什么也是止。坚持干什么或坚持不干什么，主要是自我修养，反躬修己的问题。止自己而不是止客观事物，当止而止，灵活进退，才是正确的。初六，艮止之时，要止于开始，不应当做的事情开始就不做，不失正道。贞守到底有利，切勿半途而废。六二，处中得正，对行和止心里清清楚楚。时当艮止，但为九三所乘，只得违心地随着九三去做，内心是不乐意的。九三，以刚居刚，正而不中，不懂得行止，以致艮止之时，仍在盲动，止住腰胯部，撕裂了背脊上的肌肉，危厉熏心。六四，止住自己身体，无害。艮止不外乎言、行二事，对不当言不当行的，则不妄言妄行。六五，以阴居阳位，位不正，本有悔。但是居中而有中德，能"艮其辅，言有序"，即止住腮帮子，管住嘴巴，说话有次序，所以悔恨消失。上九，止得敦厚笃实，大吉。此卦讲艮止，止得越实在越好，上爻不取物极而反之意。

艮，艮其背，不获其身。行其庭，不见其人，无咎。

艮卦，止于背上，见不到身体。行走在庭院里，看不见人，无害。说的是人的耳目口鼻都有欲望，如果以背相对就什么也看不见，看不见则无欲乱心，止才能止定。

《象》曰：艮，止也。时止则止，时行则行。动静不失其时，其道光明。艮其止，止其所也。上下敌应，不相与也。是以不获其身，行其庭，不见其人，无咎也。

艮，止住。时机要求静止就静止，时机要求行动就行动。行动或静止不错过时机，这样的前进道路光明。艮的止，是止于它应该止的地方。下卦的三爻与上卦的三爻，都不相呼应，同性相斥，是敌应，不能相互帮助。敌应则凡事相背，象征互相看不见身体，行走庭院里也互相看不见人，无害。

《象》曰：兼山艮。君子以思不出其位。

艮为山，上下都是山，所以说兼山，即山上有山，是艮卦。君子看到此卦，考虑的是思想言行不要超出他的职位。

初六，艮其趾，无咎。利永贞。

止住脚趾，无害。有利于长期贞守。

《象》曰：艮其趾，未失正也。

止住脚趾，不乱动，没有失去正道。初六处于最下，灵的开始，象征脚趾。

六二，艮其腓，不拯其随，其心不快。

止住腿肚子，拯救不了九三的错误主张，只好违心地随着九三的意见去做，内心不愉快。指六二与九三比邻，阴阳相吸，为九三所乘，不能自主，九三阳而处刚，不知道当行当止。即使六二有中正之德也制止不了九三的行动，只能跟着。腓，小腿肚子。

《象》曰：不拯其随，未退听也。

不能拯救他，只能跟着他，没有违反听从九三的话。退，违背。

九三，艮其限，列其夤（yín），厉熏心。

止住腰胯部，撕裂了背脊上的肉，危厉烧灼心脏。限，腰胯部。列，通"裂"。夤，夹脊肉。熏，烟火烧灼。指九三阳爻处阳位，过刚，不懂进退，使得身体上下两部分隔绝，危厉烧心。

《象》曰：艮其限，危熏心也。

止住腰胯部不能动，危厉熏心。

六四，艮其身，无咎。

止住身体，无害。六四为大臣，阴柔又不遇阳刚之君，不能止他人他物，只能止住自己，所以无害。

《象》曰：艮其身，止诸躬也。

艮止之时，止住身体，止住他自己的身体。

六五，艮其辅，言有序，悔亡。

止住腮帮子，说话有次序，悔恨消亡。辅，腮。这里的艮其辅，不是不说话，而是管住嘴巴，该说则说，不该说不说。

《象》曰：艮其辅，以中正也。

止住腮帮子，说话以中正之道为准则。

上九，敦艮，吉。

坚笃地止住，吉。敦，诚恳，笃实。

《象》曰：敦艮之吉，以厚终也。

坚笃地止住的吉，以厚实结束。

五十三

渐　卦

艮下巽上

综述：渐，缓慢地进。主爻为六二、九五。初六，渐进的开始，大雁到了水边，像小孩到水边玩，危险，大人必须喝止并告诉他害处，这样才能无灾。六二，大雁在石头上愉快地吃东西，象征人在饮食。大雁是自己打食的，不是白吃人家的，也不是白吃饭不干事的，人也应该这样。九三，大雁到了陆地上，又进了一步。九三以刚处刚，过中冒进。丈夫出门打仗回不来，妻子有孕也不能生孩子。这些都是凶的。但刚勇有利于抵御敌寇的进犯。六四，大雁到了树上，因为大雁脚趾上有蹼，不能抓握树枝，树上不是大雁该待的地方，倘若能找到一个横平的枝柯，可以立稳，转不利为无害。象征人处于不该处的位置，要处在横平的桷上，顺势而立，才可以转危为安。九五，大雁到了高岗上，象征人到了九五之尊的高位。尽管会有人阻隔，"妇三岁不孕"，但九五有中正之德，不正只能敌中正于一时，终究不能得逞，战胜不了九五，必吉。上九，大雁处于陆上，羽毛可以用于装饰、仪式，不可乱了心思，得吉。上九已经到极点，志不可乱，不为位累，应该超然进退之外。这样可以像大雁的羽毛一样，作为华丽高贵的装饰品，作为世人敬仰的表率，得吉。

渐，女归吉，利贞。

渐卦，女子出嫁吉，有利于贞守。归，古代女子出嫁叫归。

《彖》曰：渐之进也，女归吉也。进得位，往有功也。进以正，可以正邦也。其位刚得中也。止而巽，动不穷也。

渐，是慢慢前进。女子嫁到夫家得吉。进夫家得居主妇的位置，前往有功。按照正道前进，可以端正邦国。九五为阳爻，为刚，居上卦的中位。它的位置刚而得中。下卦艮为止，上卦巽为顺，止而顺，这样行动是不会穷尽的。

《象》曰：山上有木，渐。君子以居贤德善俗。

艮为山在下，巽为木在上，象征山上有木，树木逐渐成长，是渐卦。君子因此培养贤德，善化风俗。

初六，鸿渐于干。小子厉，有言，无咎。

大雁进到水边。大雁的特点是，飞来有时，群体有序。初六处于渐进之始，位下才弱，象征小孩幼子，处于此地危厉，有告诫之言，无害。

《象》曰：小子之厉，义无咎也。

小孩的危厉，理应无害的。因为始进之初，不可能马上得进并使人信服。像大雁一样，先在水边安身，才可以渐进。

六二，鸿渐于磐，饮食衎（kàn）衎，吉。

大雁进到水边石头上，饮水吃鱼一派欢乐，吉。衎，和乐的样子。指六二柔顺中正，慢慢前进，而上有九五之应，得志和乐。

《象》曰：饮食衎衎，不素饱也。

饮水吃鱼一派欢乐，不是白吃得饱的。是大雁自己打食得饱，不是受供养的。

九三，鸿渐于陆。夫征不复，妇孕不育，凶。利御寇。

大雁进到陆地。丈夫出征不回来，妇人有孕而不生育，凶。有利于抵御敌人。

《象》曰：夫征不复，离群丑也。妇孕不育，失其道也。利用御寇，顺相保也。

丈夫出征不回来，离开群体的人丑陋可鄙视。夫指九三。妇孕不育，失于正常的婚姻之道。指六四与九三是比邻苟合非正配，怀孕也不能生下孩子。利用九三的过刚性格抵御敌寇，可以顺利地保障相互的安全。

六四，鸿渐于木，或得其桷（jué），无咎。

大雁前进到树上，如果停到方平的枝干上，无害。大雁不能上树，因为脚掌有蹼不能握木，只能停在平处。桷，方平的木头，指平安之处。

《象》曰：或得其桷，顺以巽也。

得到方平的树枝，顺而谦逊地找到立足之地。六四承九五，以阴承阳，顺以事上，高而不危，有得桷之象。

九五，鸿渐于陵，妇三岁不孕，终莫之胜，吉。

大雁前进到山岭上。妇人三年不孕，最终也没有人胜过九五，吉。陵，高岗。三岁不孕，指九五与六二为正应，都有中正之德，但隔于九三、六四，九三与六二比邻，六四与九五比邻。因此九五与六二未能即合。

《象》曰：终莫之胜吉，得所愿也。

最终也没有人胜过的吉，得如所愿了。指九五与六二阴阳正应，没人能破坏它们的结合。

上九，鸿渐于陆，其羽可用为仪，吉。

大雁飞上陆地，它的羽毛可作为仪式道具，吉。

《象》曰：其羽可用为仪，吉，不可乱也。

它的羽毛可作为仪式道具的吉，不可乱掉章法。上九穷高而得吉，羽毛用为仪仗，因为君子渐进，自下而上，由微而著，有序而不可乱。这里的意思是，上九落得个虚名是最好的结果了。

五十四
归妹卦

兑下震上

综述：归妹，嫁小女儿。主爻为六五。此卦是六十四卦中唯一一个卦辞明确说凶的卦。用古代妹妹随姐姐一起嫁出去作为姐夫的小老婆"娣"的事设卦说理。现在虽然已经没有这样的事了，但社会上与"娣"相似处境地位的人永远都会有的。《周易》

的生命力就在于此。初九，嫁小女儿出去作为"娣"，不是正室，像个瘸子，名不正，言不顺。但这是常理，只有按惯例辅佐嫡夫人，承助夫君，方能得吉。九二，甘于自己的阴暗处境，执意不渝，才有利于自己的生存。六三，等待拖延婚期，想像姐姐那样，取得地位，这个想法不妥当，最终还是娣的处境。九四，延迟出嫁是有待而行，为了嫁个君子。六五，皇帝帝乙嫁妹妹为娣，穿戴比姐姐好，吉。因为姐姐尊贵处中道行事，崇尚礼仪不崇尚装饰。上六，娣只是个地位低下的妾，无论干什么或不干什么都无所利。此卦上爻也没有物极必反一说，因为娣的命运永不翻身。

归妹，征凶，无攸利。

归妹卦，前往得凶，无所利。归，嫁。妹，小女儿。

《彖》曰：归妹，天地之大义也。天地不交而万物不兴。归妹，人之终始也。说以动，所归妹也。征凶，位不当也。无攸利，柔乘刚也。

嫁小女儿，具有像天与地那样的重大意义。天地阴阳两气不交接，万物就不能生长。女嫁男，是人类始终繁衍生生不息之道。兑为说，即悦；震为动。悦而动，所嫁的是小女儿。前往凶，因为位置不当。指此卦中间四爻，都错位，即阴爻处阳位，阳爻处阴位。无所利，是柔乘在刚上面的原因。指归妹的下卦阴爻六三处在阳爻九二之上，上卦阴爻六五处在阳爻九四之上。

《象》曰：泽上有雷，归妹。君子以永终知敝。

兑为泽在下，震为雷在上，象征泽上有雷，是归妹卦。君子因此做事情要考虑到最终的结果，知道可能出现的弊困。

初九，归妹以娣。跛能履，征吉。

嫁小女儿为娣。不是正室，像个不能正常走路的跛子，前往吉。娣，不是正室，是妾。

《象》曰：归妹以娣，以恒也。跛能履吉，相承也。

嫁小女儿为娣，用常规办事。跛子而能履吉，因为能安于其分，辅佐嫡夫人，承助夫君。

九二，眇能视，利幽人之贞。

眼睛不好能看东西，有利于处于幽暗处的人贞守。即对夫君贞守其志，至死不渝。

《象》曰：利幽人之贞，未变常也。

有利于处于幽暗处的人贞守，因为没有想要改变妾的地位。

六三，归妹以须，反归以娣。

为嫁小女儿而等待，但六三不正无应，人们不娶。到头来还是随从姐姐嫁作娣。须，等待。

《象》曰：归妹以须，未当也。

嫁小女儿拖延时间，不恰当。

九四，归妹愆（qiān）期，迟归有时。

小女儿过了婚期未嫁，迟嫁也是有日期的。愆，耽误。

《象》曰：愆期之志，有待而行也。

愆期的用意，是为了有所等待再出嫁。指九四阳处柔位，不躁进，待君子而嫁。

六五，帝乙归妹，其君之袂，不如其娣之袂良。月几望，吉。

帝乙嫁小女儿为人妾，嫡夫人的衣袖不及她妹妹的衣袖美。结婚在月将圆未圆的时候，吉。

《象》曰：帝乙归妹，不如其娣之袂良也。其位在中，以贵行也。

帝乙嫁小女儿为人妾，嫡夫人的衣袖不如她妹妹的衣袖美。这是六五位尊得中，以高贵的身份出嫁的缘故，崇尚的是礼数而不是衣服上的饰品。

上六，女承筐无实，士刲（kuī）羊无血，无攸利。

女捧筐，筐中无物；男杀羊，羊不出血。无所利。刲，割。这里说的是古代夫妻祭祀之事，妻子拿着装祭品的筐子，丈夫杀羊取血祭祀。意思说，嫁作为妾，连祭祀都不配。

《象》曰：上六无实，承虚筐也。

上六筐中无物，捧着空筐。指作为一个女人为娣，有丈夫，但妻子不是她，不能参与祭祀。她的地位卑下，又处在上六，阴柔而虚，所以境遇如此。

卦的最后，点明了为什么六十四卦中此卦独凶，因为娣无实而处境悲惨。

五十五

丰 卦

离下震上

综述：丰，大，盈满。主爻为六五。初九，遇见才智相当的人，要作为伙伴去交往联系，前往值得嘉尚。六二，白天看见北斗星，有才智的人遇见昏暗的君主，会被他疑忌。能以诚信使他感悟，然后才会得吉。九三，白天看见小星星，在暗无天日的环境里，像折断了右小臂不能做大事，无害。九四，在日中见北斗星，风雨如晦之时，遇见能力相当的人，结为知己，得吉。六五，有德有才的下级来，会彰美自己的形象，得到吉庆和声誉。上六，扩大住宅，遮蔽房屋，自视太高，自我封闭，自绝于人。得凶。

丰，亨，王假之。勿忧，宜日中。

丰卦，通顺，君王能达到丰的状态。不用担忧，应该保持太阳日中的状况，不能过中。假，至，到。之，代词，指丰大。

《彖》曰：丰，大也。明以动，故丰。王假之，尚大也。勿忧宜日中，宜照天下也。日中则昃，月盈则食。天地盈虚，与时消息，而况于人乎，况于鬼神乎。

丰，大。下卦离为火为明，上卦震为雷为动，明而动，所以叫丰卦。君王能达到盛大，是因为君王崇尚盛大。不要忧虑，宜于保持太阳在中午的状态，宜于普照天下就行了。太阳正中就要偏斜，月亮圆满就要亏缺。天地也有这样的满盈和缺亏，随着时间而消长进退，何况人事呢，何况造化的痕迹呢。鬼神，造化之迹。

《象》曰：雷电皆至，丰。君子以折狱致刑。

离为闪光，震为雷声，雷电都来了，是丰卦。电闪象征明断，雷击象征刑罚。君子因此判断狱讼，施行刑罚。

初九，遇其配主，虽旬无咎，往有尚。

遇到可以相匹配的主（伙伴），即使等待十天的时间也没有过错，前去相见值得赞美。旬，十日为旬。尚，嘉尚，赞美。

此卦不以阴阳刚柔相应处理六爻之间的关系，作者为了说明道理，设定相应为不好。而以下卦三爻与上卦三爻分别相配合与否讨论各爻之间的关系。在下卦离的三爻为明，在上卦震的三爻为动，明与动相配生发出丰大景象。初九的配主指的是九四。

《象》曰：虽旬无咎，过旬灾也。

即使等待十天的时间也没有过错，过了十日就是灾难了。

六二，丰其蔀（bù），日中见斗，往得疑疾，有孚发若，吉。

扩大遮蔽阳光的席子，一片黑暗，日中时看见北斗星，前去会被六五怀疑猜忌，用诚信来启发他，得吉。蔀，院子里遮阳光的席子，引申为遮蔽。孚，诚信。发，启发。若，代词，指六五。从爻位上说，二为阴位，适宜阴爻所处。又在下卦的中位，因此六二有中正之德，日中之象。六五以阴柔居阳位、尊位，是个昏君。光明被昏暗障蔽。六二往从于六五，必遭疑忌。六二唯一的办法是"有孚发若"，以自己的一片至诚之心，启发六五使之感悟。六五感悟了，疑忌变成信任，结果还是吉的。

《象》曰：有孚发若，信以发志也。

有诚信来启发他，诚信用来启发志向。

九三，丰其沛，日中见沫，折其右肱，无咎。

扩大对太阳光的遮挡，昏暗不明，日中看见小星星，遇见了更加黑暗的上六，像是折断了右手小臂那样不能作为，无害。沛，屋内的幡幔，遮蔽效果更好于蔀。沫，小星星。

《象》曰：丰其沛，不可大事也。折其右肱，终不可用也。

扩大对太阳的遮挡，昏暗不可做大事。折断了右手小臂，最终不可能再被使用了。

九四，丰其蔀，日中见斗，遇其夷主，吉。

扩大对太阳的遮挡，日中看见北斗星，遇见力量相当的主子（伙伴，这里指初九），吉。夷，等夷，均衡，匹敌。

《象》曰：丰其蔀，位不当也。日中见斗，幽不明也。遇其夷主吉，行也。

扩大对太阳的遮挡，九四以阳处阴位，地位不当。日中看见北斗，因为天空幽暗不明。遇见力量相当的主子（伙伴）得吉，出行前去。九四处大臣之位，去与初九相见，有初九贤才相助，才能得吉。

六五，来章，有庆誉，吉。

来了彰美之才六二，值得庆贺赞誉，吉。六二来自下卦离，六五处上卦震，明动相助，相得益彰。

《象》曰：六五之吉，有庆也。

六五的吉，有喜庆。

上六，丰其屋，蔀其家，窥其户，阒（qù）其无人，三岁不觌，凶。

扩大住宅，遮蔽房屋家室，窥看他的门户，静寂没有人，三年没有看见人，凶。阒，静无人声。觌，见。

《象》曰：丰其屋，天际翔也。窥其户，阒其无人，自藏也。

扩大他的住宅，像鸟在天空翱翔。此句指上六自高自大。窥看他的门户，寂静无人，自己藏起来了。此句指上六无位。

五十六
旅　卦

艮下离上

综述：旅，旅行，羁旅。主爻为六五。旅途，虽不能说是逆境，但事事受到条件限制，处处身不由己是肯定的。此卦旨意以柔顺为贵。这在六十四卦中是不多的，但适合人们应对旅途的特定环境。从这里可以看到《周易》里"时"的极端地位。初六，人在旅途，不能目光短浅，只顾琐碎小事，这样会自取灾祸。六二，旅客到住处，花钱买服务，得到忠心的童仆，最终无忧。九三，旅途中住处被烧了，粗暴对待下面，又丧失了童仆，坚持这样有危厉。九四，在旅途的居处，得到钱财资助，但是处非正位，心里高兴不起来。六五，在旅途中打猎，收获颇多，得到赞誉，名声大噪。上九，鸟被烧了巢，处于旅卦之极，又是外卦离火之上，没有柔顺之德，得凶，从此再也没有人说起他了。

一般卦的爻，阳刚都好于阴柔，而旅卦皆以柔顺得"吉"，以阳刚致"凶"。范仲淹说："内止而不动于心，外明而弗迷其往，以斯适旅，故得小亨而贞吉。夫旅人之志，卑则自辱，高则见疾，能执其中，可谓智矣。""内止"，指旅卦内卦为艮为止，内心不能浮躁。"外明",指外卦为离为明,不要迷失目的地。程颐说:"苟能巽顺,虽旅困之中,何往而不能入?"

旅,小亨。旅贞吉。

旅卦,小通顺。旅行守正道得吉。

《象》曰:旅小亨,柔得中乎外,而顺乎刚,止而丽乎明,是以小亨。旅贞吉也。旅之时义大矣哉。

旅卦小通顺。六五为阴爻,为柔,居外卦之中,是柔得中于外;九四、上九皆为阳爻,为刚,主爻六五居上九之下,九四之上,是柔顺于刚。艮为止在下,离为火明照在上,止而附着于光明,因此为小通顺。旅行贞守正道得吉。旅卦的因时发挥的意义大啊。

李光地说:"处旅之道,审几度势,贵于明也。待人接物,亦贵于明也。然明不可以独用,故必以止静为本而明丽焉。"程颐说:"天下之事,当随时各适其宜。而旅为难处,故称其时义之大。"

《象》曰:山上有火,旅。君子以明慎用刑,而不留狱。

艮为山在下,离为火在上,象征山上有火,是旅卦。火指明察,君子因此明察而慎重使用刑罚,不拖延狱讼。

初六,旅琐琐,斯其所取灾。

旅途上如果只关心身边琐碎之事,不识大体,会自取灾祸。

《象》曰:旅琐琐,志穷灾也。

旅途上如果只关心身边琐碎之事,是志短、没有眼光造成的灾难。

六二,旅即次,怀其资,得童仆贞。

旅客到了住处,携带钱币,花钱买服务,得到童仆照顾自己。即，就，到。次，舍，这里指客舍。

《象》曰：得童仆贞，终无尤也。

得到童仆照顾自己，最终没有可忧的。尤，借为忧。

九三，旅焚其次，丧其童仆。贞厉。

旅途中的住处被火烧了，失掉了他的童仆。坚持下去有危险。

《象》曰：**旅焚其次，亦以伤矣。以旅与下，其义丧也。**

旅居的住处被火烧了，也够伤心的了。人在旅途，九三以旅途不顺的刚暴之气与童仆相处，失去童仆是必然的。

九四，旅于处，得其资斧，我心不快。

旅客在住处，得到了钱财，心里仍然不快活。斧，古代斧形钱币，喻钱财。

《象》曰：**旅于处，未得位也。得其资斧，心未快也。**

旅客在住处，九四为阳爻，四为阴位，没有得到适当的位置实现自己的志向。得到钱财，心里也没有快乐。

六五，射雉一矢亡，终以誉命。

旅途中射野鸡，一箭射中，野鸡带箭飞走，终究得到善射的赞誉。

《象》曰：**终以誉命，上逮也。**

终究得到善射的赞誉，赞誉差不多赶上君主了。逮，及；上逮，及于上了。此爻不取君王之意，因为君王旅行则象征被逐失位。

上九，鸟焚其巢，旅人先笑后号啕。丧牛于易，凶。

旅客住处被烧，像鸟被烧了它的巢，旅客先笑后号哭。轻易失去了牛（指牛的温顺品质），凶。上九阳刚处于至高地位，初始快意自己的众人之上的地位，所以"先笑"；既而失去安居之所，所以"后号啕"。轻易失去了像牛一样的柔顺之德，所以凶。

《象》曰：以旅在上，其义焚也。丧牛也易，终莫之闻也。

旅卦上九，在外卦离火的上位，住处应该被焚烧。随随便便丢失了牛的温驯，从此没有再听到人说起他。

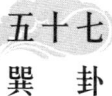

五十七
巽 卦

巽下巽上

综述：巽，顺，顺入。主爻为九五。初六，申令之始，必须令行禁止。进退迟疑不决是绝不允许的。武人贞固坚强之志有利。九二，入于床下，仔细观察，纷繁通诚信于神明，得吉无害。九三，没有主见，频繁更改命令，人们无所适从，导致命令不行，有害。六四，在申命行事中有功，斩获颇丰，有功悔亡。九五，处中行正，开始局面不好，申行教令得法，终有结果。贞守得吉，悔亡，所向无所不利。上九，以刚居亢，处穷极之地，巽过头了，虽正也会变凶。

巽，小亨。利有攸往，利见大人。

巽卦，小通顺。有利于前进，见有德有位的大人有利。

《彖》曰：重巽以申命，刚巽乎中正而志行，柔皆顺乎刚，是以小亨。利有攸往，利见大人。

内外卦都是巽，两巽重叠，象征重复申明上面的教令。九五、九二以阳爻居上下卦中位；刚入于中正，意志得以推行。六四、初六为阴爻，在九五、九二两阳爻之下，是柔皆顺从于刚，因此小通顺。利于有所前进，利见大人。

《象》曰：随风，巽。君子以申命行事。

巽为风，两风相从，象征风跟随着风，是巽卦。君子因此重复申明教令，推行政事。

初六，进退，利武人之贞。

进退疑惑不定，有利于像武人那样贞守。

《象》曰：进退，志疑也。利武人之贞，志治也。

进退不定，心里疑惑。指初六在申命开始阶段的心态。有利于像武人那样贞守，心志不乱，立志于治理。

九二，巽在床下，用史巫纷若，吉，无咎。

入于床下，仔细察看，用史和巫繁复地通诚意于神明，吉，无害。纷若，多，频繁的样子。比喻九二能频繁申命，仔细有效地解决申命中出现的问题，结果是吉而无害。

《象》曰：纷若之吉，得中也。

繁复地通诚意于神明的吉，得中道而行的缘故。

九三，频巽，吝。

频繁地更改教令并申命，命令难行，堪忧。九三刚亢过中，浮躁申命，遇阻即改，屡申屡改，民众不会相信。

《象》曰：频巽之吝，志穷也。

频繁地更改教令并申命造成的困扰，是因为没有主意和自信。

六四，悔亡，田获三品。

悔恨消失，打猎获得多个品种的猎物。田猎，是在野外除害保收获而进行的打猎。三，泛指多。

《象》曰：田获三品，有功也。

打猎获得多个品种的猎物，有功劳。

程颐说："四之地本有悔，以处之至善，故悔亡，而复有功。天下之事，苟善处，则悔或可以为功也。"

九五，贞吉，悔亡，无不利。无初有终。先庚三日，后庚三日，吉。

贞守吉，悔恨消失，没有不利的。没有好开头，但有好结果。申命前一段时日，先宣传知晓教令，发布后再宣传几天，然后执行，吉。庚，更，变更之始。

《象》曰：九五之吉，位正中也。

九五的吉，因为位置得正处中。

上九，巽在床下。丧其资斧，贞凶。

入于床下，失掉钱币，贞守凶。巽在床下，指上九过于巽顺。

《象》曰：巽在床下，上穷也。丧其资斧，正乎凶也。

入于床下，上九到了无可前行的地步。丧其资斧，不知权变，虽正也凶。这里可以看出先贤对"正"字的理解和定位。

五十八
兑　卦

兑下兑上

综述：兑，喜悦。主爻为九二、九五。喜悦是好事，悦而可以致亨。要实现合于天道的正确的悦，需要刚中而柔外，缺一不可。引申到人的身上，只有内里刚健诚笃而表现柔和巽顺，才能与人建立起和悦的关系。悦必须以贞正为前提，悦不以正道，就容易被坏人利用去干坏事，成为邪谄，对于当权者尤应引以为戒。初九，以与人和睦相处为喜悦，得吉。九二，以诚信为喜悦，吉利，没有悔恨。六三，来讨人喜悦的，必有所图，凶。九四，与谁和悦未定，大臣之位，不用犹豫，应跟随主上而喜悦，才有可喜可庆的。九五，处君位，相信小人的花言巧语而喜悦，有危险。上六，巧言令色包藏祸心引人喜悦，要时刻提防它的阴谋得逞。

兑，亨。利贞。

兑卦，通顺。有利于贞守。

《彖》曰：兑，说也。刚中而柔外，说以利贞，是以顺乎天而应乎人。说以先民，民忘其劳；说以犯难，民忘其死。说之

大，民劝矣哉。

兑，是喜悦。九二、九五为阳爻，为刚，居下卦和上卦的中位，是为刚中；六三、上六为阴爻，为柔，居九二、九五之外，是谓柔外，所以说刚中而柔外；喜悦有利于贞守，是顺于自然而应于人心的。先使人民喜悦，人民就会忘记劳苦；先使人民喜悦再使人民犯难，人民会忘记他们的牺牲。喜悦的强大作用，是人民被劝勉激发了啊。

《象》曰：丽泽，兑。君子以朋友讲习。

兑为泽，两个泽相连，相互附丽，是兑卦。君子因此与朋友讲习，交流知识和心得。

初九，和兑，吉。

和谐的喜悦，吉。程颐说："以和为说，而无所偏私，说之正也。"

《象》曰：和兑之吉，行未疑也。

和谐喜悦的吉，语言行动没有可疑的。

九二，孚兑，吉，悔亡。

以诚信使人喜悦，吉，悔恨消失。

《象》曰：孚兑之吉，信志也。

以诚信使人喜悦的吉，相信他的志向纯正。

六三，来兑，凶。

来求喜悦，心有所私，凶。

《象》曰：来兑之凶，位不当也。

来求喜悦的凶，来自位置不当。指六三为阴爻，居阳位。

九四，商兑，未宁，介疾有喜。

与谁喜悦，还在商量权衡，未定，这是小毛病，有可喜的。

介，小。九四为与六三还是与九五结合而喜悦拿不定主意。

《象》曰：九四之喜，有庆也。

九四的喜，有可庆贺的。因为九四处大臣之位，随从九五的喜悦，对天下国家有好处，所以有庆。

九五，孚于剥，有厉。

信任阴剥阳的小人，有危险。指上六阴爻阴位，会巧言令色迷惑九五。

《象》曰：孚于剥，位正当也。

信任于阴剥阳的小人，处的这个位置就是如此，上头就好这一口。上六势必要来引悦于九五。

上六，引兑。

引人喜悦。上六为小人，处悦之极，引人喜悦，谋取私利。

《象》曰：上六引兑，未光也。

上六引人喜欢，未产生广泛的影响。

五十九
涣　卦

坎下巽上

综述：涣，涣散，人心涣散。主爻为九五。治理涣散之道：

初六，涣散已经见端倪，要选用强有力的人才去拯救，才会得吉。九二，涣散之时，要奔向可以依靠的几凳，无害。这里指要与初六同心，互相依靠。六三，涣散之时，反躬自省，散自己的私心，增济涣之力，无悔。六四，近君大臣，散自己的小团体，聚合众人之心治涣，大吉。九五，治涣之时，像人染了风寒，发了一身大汗而痊愈，号令大行，居正位治理国家，无害。上九，远走高飞，离开涣散的伤害，无咎。

涣，亨。王假有庙，利涉大川，利贞。

涣卦，通顺。在涣散之时，王到祖庙祭祀统一众人的思想意志，有利于渡涉大江大河，有利于贞守。假，通"格"，到，至。庙，祭祀的地方。意思是在渡涉大江大河的行动中，严肃号令，治理涣散。

《彖》曰：涣亨，刚来而不穷，柔得位乎外而上同。王假有庙，王乃在中也。利涉大川，乘木有功也。

涣卦通顺，九二、九五为阳爻，为刚，为内卦、外卦的主爻，象征刚来而无穷尽。六四大臣为阴爻，为柔，居外卦的阴位，与上面九五的刚相配合，是柔得位于外而与上同心。王到祖庙祭祀的时机统一众人的思想意志，因为王处在九五正中之尊位。利涉大川，下坎为水，上巽为木，象征木船渡江河之水，乘木前往有功效。

《象》曰：风行水上，涣。先王以享于帝，立庙。

坎为水在下，巽为风在上，象征风吹行在水面上，是涣卦。风行水上，比喻教化行于民间，先王因此建庙祭祀上帝，收合人心。

初六，用拯马壮，吉。

拯救涣散用强壮的马，吉。拯救涣散之始，则顺而易行，费力不大，用壮马可以确保成功。象征需要用强有力的人。

《象》曰：初六之吉，顺也。

初六的吉，是顺的缘故。从爻位上看，初六以阴比邻与九二，阴阳相配，九二强壮如马。

九二，涣奔其机，悔亡。

涣散时，奔向他的几凳，悔恨消失。机，通"几"，几凳，茶几板凳，可以凭靠。指九二奔去与初六相亲比，离开危境奔向安稳之地，凭借初六得到安处。

《象》曰：涣奔其机，得愿也。

涣散时，奔向他的几凳，得其所愿了。

六三，涣其躬，无悔。

涣散其自身的不良言行，没有悔恨。

《象》曰：涣其躬，志在外也。

涣散其自身的不良言行，用意在外面。外，指外卦。

六四，涣其群，元吉。涣有丘，匪夷所思。

散掉自己的小群体，大吉。与其他人一起散聚到丘陵上，振臂高呼聚起涣散的人心，形成大群体，这不是平常人所能想到的。匪，通"非"，不是。夷，平常。

《象》曰：涣其群元吉，光大也。

散掉自己的小群体大吉，因为影响广大了。

九五，涣汗其大号，涣王居，无咎。

以郁结风寒的病人发汗那样发出强大的号令改变涣散状态，治理涣散的号令发布于王的居所，无害。

《象》曰：王居无咎，正位也。

居于王位发布号令无害，是因为处于正位。

上九，涣其血，去逖（tì）出，无咎。

涣散而远离血腥，去远方不再回来，无害。《说卦传》中说坎为血卦。所以这里有"涣其血"的说法，意思是远离下卦坎这个血卦。逖，远。

《象》曰：涣其血，远害也。

涣散而远离血腥，是远离危害。

节　卦

兑下坎上

综述：节，节制，节止。主爻为九五。节要节得适中，不趋向两极，就是执中。《周易》将节的思想推广到社会、人生的方方面面。初九，节制之初，知道外面通塞的形势，在家中不动，不作为无害。九二，时机已经处在节制行动的时候，在家里不动就会得凶。九三，在节制的大气候下，没有节制而知道悔改，无害。六四，遵守上级规定、与上级配合、保持一致节制，亨通。九五，甘心情愿保持节制，得吉。坚持下去全社会形成好风尚。上六，居节之极，继续节下去就是苦节，百姓受不了，得凶，此路不通。

节，亨。苦节不可贞。

节卦，通顺。过度的节制是苦节，不可以贞守为常。

《彖》曰：节亨。刚柔分而刚得中。苦节不可贞，其道穷也。说以行险，当位以节，中正以通。天地节而四时成。节以制度，不伤财，不害民。

节卦通顺。节卦的上卦坎阳卦为刚；下卦兑阴卦为柔；九五、九二为阳爻，为刚，居上下卦的中位。是刚柔分而刚得中。苦节不可贞，苦节过头，别人难以接受，是穷途末路，不可以贞守为常。下卦为兑为悦，上卦为坎，象征喜悦地行走在险处；九五为阳爻，居阳位、君位，是当位加以节制，中正而通顺。此句意思是说节制有不伤财、不害民的好处，百姓乐于接受；但人心欲望无穷，节制人欲比较难，有险象，要君主带头才能通顺。天地有节度而四季才成立、确定。以节的思想来制定各种法度，用之有道，役之有时，能不浪费财物，不为害于民。

《象》曰：泽上有水，节。君子以制数度，议德行。

兑为泽在下，坎为水在上，象征泽上有水，为节卦。君子用来制定数字、度量，议定道德行为准则。

初九，不出户庭，无咎。

知道在节止之时，不出家门，谨言慎行，无害。

《象》曰：不出户庭，知通塞也。

不出户庭，知道大势所趋，知道行得通或行不通。知道行不通，故不出家门。

九二，不出门庭，凶。

不出门庭，凶。指九二已经处于不应当再闭塞于家之时，不出门则失时。从爻位上看，九二刚而处于中位，应当有所作为，不能不出门了。

《象》曰：不出门庭凶，失时极也。

不出门庭凶，失掉适中的时机，当然得凶。

六三，不节若，则嗟若，无咎。

六三乘刚，不中不正，不守节度的样子，嗟叹自悔，则无害。从爻位上说，六三下面的二为中位，三位已经过中，是下卦兑泽的最上一爻，象征水满了，不守节度。

《象》曰：不节之嗟，又谁咎也。

已有不守节度的嗟叹，知道改正了，补过为善，又有谁来责怪呢。嗟，嗟叹。

六四，安节，亨。

安心守节度，通顺。

《象》曰：安节之亨，承上道也。

安心守节度的通顺，是因为自觉遵行上面定的规矩。

九五，甘节，吉。往有尚。

心甘情愿守节度，吉利。推行下去会形成好风尚。

《象》曰：甘节之吉，居位中也。

心甘情愿守节度的吉，是因为所处位置居中得正。

上六，苦节，贞凶，悔亡。

过度节制，贞守为常则凶，悔恨消失。上六处节卦之极，象征过度节制，别人会受不了。但如果节是针对自己的，与其奢侈宁可节俭，则悔消失。

《象》曰：苦节贞凶，其道穷也。

过度节制，贞守为常则凶，前途已穷尽，节无可节，不可贞守。

六十一

中孚卦

兑下巽上

综述：中孚，心中诚信，信守中道。主爻为九五。初九，安居于下，不改变诚信志向，得吉。九二，君子至诚的言行感动人，人们无不应和。六三，不中不正之人，为外界所干扰，没有自信，行止无常。六四，近九五君位，绝初九而上，与九五阴阳相比，得到九五的信任，无害。九五，君王之位，得中居正，能够以诚信作为天下国家的实德，以诚信固结天下之人，无害。上九，缺乏诚信之心，却高调飞上天，不能长久，坚持下去得凶。

中孚，豚（tún）鱼吉。利涉大川，利贞。

中孚卦，心中诚信感动了小猪和鱼，得吉。有利于渡涉大江大河，有利于贞守。豚，小猪。

《彖》曰：中孚，柔在内而刚得中。说而巽，孚乃化邦也。豚鱼吉，信及豚鱼也。利涉大川，乘木舟虚也。中孚以利贞，乃应乎天也。

中孚卦，中间两爻为阴爻，为柔；九五、九二为阳爻，为刚，居上下卦的中位。所以说柔在内而刚得中。兑为悦，巽为谦逊，悦而谦逊，这样的诚信是能教化邦国的。豚鱼吉，诚信能够信及豚鱼的人得吉。利涉大川，乘着中空的木船。此句指巽为木而言。诚信有利于贞守，因为是顺应自然规律的。

《象》曰：泽上有风，中孚。君子以议狱缓死。

兑为泽在下，巽为风在上，象征泽上有风吹过，为中孚卦。君子因此议论刑狱，延缓死罪。

初九，虞吉，有它不燕。

安居，吉，如果有其他主意改变了原来的做法则不安。虞，燕，都是安的意思。

《象》曰：初九虞吉，志未变也。

初九安居得吉，因为志向没有改变。

九二，鸣鹤在阴，其子和之。我有好爵，吾与尔靡之。

鸣叫的鹤在树荫里，小鹤也鸣叫来应和它。我有好爵禄，我跟你共同分享它。靡，共同。

《象》曰：其子和之，中心愿也。

它的小鹤鸣叫来应和它，是心中愿意。其子，指初九。《周易》中说的童、子，一般都是指初爻。

六三，得敌，或鼓或罢，或泣或歌。

得到才能相匹配的人，跟他或击鼓，或停止，或哭泣，或唱歌。敌，匹，配。六三与上九有应，心动于外，则心中不能安守诚信。忧乐受外界干扰，不能坦然自安。

《象》曰：或鼓或罢，位不当也。

或击鼓，或停止，或哭泣，或唱歌，是位置不当。指六三为阴爻，居阳位，不中不正。

六四，月几望，马匹亡，无咎。

快到月半时，马匹失去了，无害。

《象》曰：马匹亡，绝类上也。

马匹失去了，断绝与初九的呼应关系而向上承比九五。马，指初九，在六四之下，与六四呼应。

九五，有孚挛如，无咎。

有诚信并且连续一贯，无害。挛，互相牵连。

《象》曰：有孚挛如，位正当也。

有诚信并且连续一贯，位置正当。九五为阳爻，居阳位，又居上卦之中，有中正之德，得到天下百姓响应，有挛如之象。

上九，翰音登于天，贞凶。

声音高飞上天，贞守为常则凶。翰，高飞。指上九居穷极之地，只是虚声外饰，以矫伪为时尚。

《象》曰：翰音登于天，何可长也？

声音高飞上天，怎么可能长久呢？上九处外卦上爻，叫得很响，实不相符，不能长久。

六十二
小过卦

艮下震上

综述：小过，小过失，小越过中道。主爻为六二、六五。初六，小过之初。飞鸟离开中道飞向天空，得凶。飞得越高越凶。六二，居中守正之人，越级向上，小过头，出小错，无害。九三，刚而自信之人，在小过之时，要特别防备小人，不然会为小人所伤害，得凶。九四，刚柔相济之人，与小人打交道，要有戒备，提防小人加害于己，不要长期与小人来往，可得无咎。六五，以阴柔居尊位，处上而不下，违背了小过"不宜上宜下"之义，与六二是敌应，没有人帮助，下不了雨，无所作为。上六，处于过极之位的人，开始向衰败转化，得凶。

小过，亨。利贞。可小事，不可大事。飞鸟遗之音，不宜上，宜下，大吉。

小过卦，通顺。有利于贞守。可以做小事，不可以做大事。飞鸟要留下它的声音，不宜向上飞，宜向下飞，人们才能听见声音，大吉。

《彖》曰：小过，小者过而亨也。过以利贞，与时行也。柔

得中，是以小事吉也。刚失位而不中，是以不可大事也。有飞鸟之象焉，飞鸟遗之音，不宜上宜下，大吉，上逆而下顺也。

小过，小过于中道，还是通顺的。小小地过头利于矫枉过正贞守，随时机而行动。六五、六二皆阴爻，为柔，居上下卦的中位，为柔得中，柔不可以做大事，因此做小事，吉。九三、九四为阳爻，为刚，九三不在中位，九四阳爻处阴位，失位，是刚失位而不中，因此不可以做大事。有飞鸟之象，飞鸟要留下声音，不宜逆飞而上，宜顺飞而下，大吉，因为向上飞，声音离人们越来越远，飞下来才离人的耳朵近。

《象》曰：山上有雷，小过。君子以行过乎恭，丧过乎哀，用过乎俭。

艮为山在下，震为雷在上，象征山上打雷，是小过卦。君子因此行事要过于恭敬，丧事要过于悲哀，日用要过于节俭。

初六，飞鸟以凶。

飞上天的鸟得凶。此爻以鸟飞离地面，离开人群，象征过中、过分、过失，因为上飞无安处之地而下飞有栖息之所。飞得越高离中道越远，所以凶。

《象》曰：飞鸟以凶，不可如何也。

鸟高飞而得凶，因为天上没有安处之所，不可能有什么作为。越处于小过开始之时过越小，只要稍事矫正就可反归于中。然而初六之鸟却反其道而高飞。

六二，过其祖，遇其妣。不及其君，遇其臣。无咎。

越过他的祖父，遇到他的祖母。没有追到他的君主，遇到他的臣子。无害。从爻位上说，六二居中得正，本来二位、五位上的爻是有呼应关系的。六二向上越过爸爸九三、祖父九四，去与五位上的君王相应，而处于君位上的六五是阴爻，是祖母，也是臣子一类的人。孙媳妇与祖母同类、同德相应。因此无咎。

《象》曰：不及其君，臣不可过也。

没追到君主，臣子不可越过臣子的守正得中之道。

九三，弗过防之，从或戕（qiāng）之，凶。

不过度防备小人，跟从他们或许会被杀害，凶。戕，杀害。从爻位上说，九三阳处阳位，过刚，过于自信，警惕性不高，容易为小人算计。

《象》曰：从或戕之，凶如何也。

跟从他们或许会被杀害，是怎样的凶啊。

九四，无咎。弗过遇之，往厉必戒。勿用永贞。

无害。不特意提防遇到的小人，前行有危厉，必须要戒备。不用永远贞守、固执不变。过遇，即加意提防。从爻位上说，九四阳处阴位，刚柔相济，有与小人打交道的基础。但要明白刚弱柔强、阴长阳消的形势。

《象》曰：弗过遇之，位不当也。往厉必戒，终不可长也。

不特意提防遇到的小人，因为位置不当。这里的"弗过遇之"要与爻辞"弗过遇之，往厉必戒"一起理解。意思是因为位置不当，不特意提防遇到的小人，前往就有危险。前往危厉，必须要戒备，最终不可能长久如此的。

六五，密云不雨，自我西郊。公弋取彼在穴。

乌云密布，没有下雨，西风吹来。公用箭在山洞里射取猎物。公指六五；彼，指六二。六二在艮山卦体之中，又伏于二阳之下，有鸟未飞而栖于穴之象，六五想取之为助，但六五与六二是敌应，它得不到六二的帮助。弋，古代用绳子拴箭射出而获取猎物。

《象》曰：密云不雨，已上也。

密云不雨，阴已经升上去了。指六五处于阳爻九四之上，阴已经过了阳，阴阳不遇，不会下雨了。

上六，弗遇，过之。飞鸟离之，凶。是谓灾眚。

没有遇见，过了。飞鸟离开了，凶。这叫作灾害。指上六已经处于小过之极，有凶；如果仍要像飞鸟一样高飞离开，无所依托，就会自己招致灾难。灾，天之害。眚，人之害。

《象》曰：弗遇过之，已亢也。

没有遇见，鸟飞过去了，已经亢极将要衰亡了。

既济卦

离下坎上

综述：既济，已过河，任务完成。主爻为六二。指一个大循环从产生到灭亡之时，新的循环要开始，新的生命要诞生。初九，过河开始，拉着车轮慢慢来，不能心急，急会出乱。六二，有中正之德的人才，不要怕在过河时的混乱中失去什么，过了河会失而复得的。九三，阳刚之才，适宜征伐打仗，但是不能用小人。六四，近君之臣，攻伐既济之后，要思患防患，像渡河时备有破棉絮堵塞船舱漏水一样。九五，既济之后，是最得益的人。但是勿自恃天下国家已进入既济治平的时代而忘却了祭祀以时不以盛的道理，也别忘记既济虽已到来，未济就在后面。上六，既济之后，已经道穷，新的循环正在开始，正在打乱重新洗牌，头已经湿了，如果淹到水里，凶险可想而知。

既济卦三刚三柔，爻位皆当、皆正、皆应。六十四卦之中，独此一卦而已。但卦辞只说小亨，意思是国家在极盛之时，纵有好处，都只是寻常小事，小通顺而已。而盛极则衰至，君子当思患预防，才是大事。此卦的微言大义在于此。

既济，亨小。利贞，初吉终乱。

既济卦，通顺是小的。有利于贞守，开始吉，最终动乱。

《彖》曰：既济亨。小者亨也。利贞。刚柔正而位当也。初吉，柔得中也。终止则乱，其道穷也。

既济卦的通顺，是小的通顺。有利于贞守。九五为阳爻，居阳位，六二为阴爻，居阴位，为刚柔正而位置恰当。初吉，因为六二为阴爻，为柔，居下卦的中位，是柔得中。终止下来则乱，因为路走到头了。

《象》曰：水在火上，既济。君子以思患而豫防之。

离为火在下，坎为水在上，象征水在火上，为既济卦。君子因此想到患难而预防它。

初九，曳其轮，濡其尾，无咎。

拖车子的轮子，湿了尾部，无害。曳，拖，拉。既济之初，不能躁动。从爻位上看，初九以阳处阳，冲动冒进，所以要拉住它的车轮。

《象》曰：曳其轮，义无咎也。

曳其轮，慢慢来，应该是无害的。

六二，妇丧其茀，勿逐，七日得。

妇人丢失了她的车子上的帘子，不必找，几天后会得到。茀，车上的遮蔽的帘子。六二阴爻，故称妇。七，泛指，非确定的数。

《象》曰：七日得，以中道也。

几天后会得到，因为守中正之道。从爻位上看，六二居中得正，是个贤才，又与九五正应，可以大有作为。但在既济之时，九五自觉功德已经圆满，不再需要六二了。因此六二不要去追逐九五，会回来的。

九三，高宗伐鬼方，三年克之，小人勿用。

殷高宗武丁讨伐不听命的部落鬼方，经过三年才平定它，小人不能用。

《象》曰：三年克之，惫也。

三年攻克它，自己的国家也很疲惫了。

六四，繻（rú）有衣袽（rú），终日戒。

乘船渡河，船渗漏备败絮填塞，整天小心防备。繻，同"濡"，破漏。袽，旧棉絮，破衣服。

《象》曰：终日戒，有所疑也。

终日戒备，因为有所怀疑。六四作为得位的近君之臣，最需要思患防患，所以用渡河防止船舱漏水比喻。

九五，东邻杀牛，不如西邻之禴祭，实受其福。

东边邻居杀牛来祭神，不如西边邻居用薄礼来祭神。祭祀不在食物的厚薄，而在于合时，顺时就会实实在在得到神的赐福。

禴，古代四时祭祀之一，比较简薄的祭祀。

《象》曰：东邻杀牛，不如西邻之时也。实受其福，吉大来也。

东邻杀牛，不如西邻的合时而祭祀。实实在在受到神的赐福，吉大大地到来。指济道已衰，厚祭无益，应该及时转向。

上六，濡其首，厉。

打湿了头部，危险。

《象》曰：濡其首厉，何可久也？

打湿了头部的危险，怎么可能长久呢？上六处于既济卦之终，又在上卦坎险之上，过河时水淹没了头，太危险了。将要进入另一个循环，进入由治到乱的开始。就是象辞说的终乱。

六十四

未济卦

坎下离上

综述：未济，未过河，未完成。主爻为六五。指事情未成功，事物没有穷尽。此卦六爻皆失其位。《杂卦传》说，"未济，男之穷也"，专指三个阳爻失位。既济、未济的关系在六十四卦中极为特殊，其特殊的程度仅次于乾、坤二卦。乾、坤二卦是六十四卦之首，既济、未济是六十四卦之终。乾、坤二卦合观可视为易之门，既济、未济二卦可看成是旧过程的终结和新过程的开始。未济卦的爻、位完全错乱，寓意是又得从头开始收拾旧山河。既济坎上离下，未济离上坎下。象征既济的终就是未济的始，旧过程终结的同时，新的过程又开始了。事物总是按着否定之否定的形式向前发展。初六，以小狐狸过河象征急于过河而难以过河，开始莽撞有小害。要慎重对待过河，才能掌握过河的主动权。九二，曳其轮，是不敢轻进，控制着轮子摸着石头过河，中道而行，慢慢前进，相机推进，坚持而得吉。六三，不中不正，不当位，处于下坎之极，行动则凶。九四，已经过了坎险，大动干戈征伐，三年得到成功，受到奖赏，贞守得吉。六五，有信用，贞守得吉无悔，一国之君，有信用则光芒四射。上九，过河之后，宴乐庆祝，无害。做事有信用本是好的，但是饮酒讲信用，弄得喝过头，醉了，满头满脸是酒，就失去了信用的本意。

《周易》把事物看作有始有终、终而复始、有生有灭、生生不息的过程。旧过程的终结是新过程的开始。所以既济卦象是终结又不是终结，未济卦不是终结却是终结。既济卦处在新旧过程的联结点上，它不是新过程的开始，却联结着新过程的开始，不是未济卦，却孕育着未济卦。把既济卦安排在六十四卦的后面而又不是最后，《周易》的作者匠心独运，把他的"物不可穷"的思想表达得非常巧妙、深刻。《周易》讲天道本为人谋，指出发展变化的必然，也强调人的能动性。人若明白凡事都是终而不止，则可以有终而无乱。唯其如此，无论卦义还是爻义无不蕴含着无患思患、思患防患的良苦用心。

未济，亨。小狐汔（qì）济，濡其尾。无攸利。

未济卦，通顺。小狐狸接近于渡过河了，弄湿了尾巴。无所利。汔，接近，庶几。

《象》曰：未济亨，柔得中也。小狐汔济，未出中也。濡其尾，无攸利，不续终也。虽不当位，刚柔应也。

未济卦的通顺，因为柔而得中。六五为阴爻，为柔，居上卦的中位，为柔得中。小狐狸象征初六，将要过河，但没有走出下卦坎险之中。弄湿了尾巴，无所利，没有继续到过河终点。初六、六三、六五皆为阴爻，为柔，居阳位；九二、九四、上九皆为阳爻，为刚，居阴位。刚柔皆不当位，但都是一刚一柔相应的，所以未济卦是亨通的。

《象》曰：火在水上，未济。君子以慎辨物居方。

坎为水在下，离为火在上，象征火在水上，为未济卦。君子因此谨慎地辨别周围事物，居得其所。方，方位，地方。

初六，濡其尾，吝。

弄湿了小狐狸的尾巴，有小患。

《象》曰：濡其尾，亦不知极也。

冒失渡河弄湿了尾巴，小狐狸也不知道自己最终能否过河。

九二，曳其轮，贞吉。

拉车子的轮子慢慢试探着过河，贞守坚持得吉。

《象》曰：九二贞吉，中以行正也。

九二贞守坚持得吉，因为合于中道，行得正。

六三，未济，征凶，利涉大川。

没有渡过河，出征凶。利于渡涉大江大河。

《象》曰：未济征凶，位不当也。

没有渡过河，出征凶，是所处位置不恰当。六三为阴爻，居阳位不中不正，所以说位不当，盲动出征则凶。

九四，贞吉，悔亡，震用伐鬼方，三年有赏于大国。

贞守吉，悔恨消失，大动干戈震慑八方用以讨伐鬼方，三年成功，从大国得到赏赐。

《象》曰：贞吉悔亡，志行也。

贞守吉，悔恨消失，因为志向得到实行。

六五，贞吉，无悔。君子之光，有孚，吉。

贞守得吉，无悔。君子品德的光辉，有信用，吉。

《象》曰：君子之光，其晖吉也。

君子品德的光，他的辉是吉的。晖，同"辉"，散射的光。

上九，有孚于饮酒，无咎。濡其首，有孚，失是。

有诚信而饮酒，无害。酗酒连头都浇湿了，有诚信，但失去了诚信的本意。

《象》曰：饮酒濡首，亦不知节也。

饮酒弄湿了头，也不知道节制。

下篇

卦后篇及解释

系辞传（上）

（一）

天尊地卑，乾坤定矣。卑高以陈，贵贱位矣。动静有常，刚柔断矣。方以类聚，物以群分，吉凶生矣。在天成象，在地成形，变化见矣。是故刚柔相摩，八卦相荡。鼓之以雷霆，润之以风雨。日月运行，一寒一暑。乾道成男，坤道成女。乾知大始，坤作成物。乾以易知，坤以简能。易则易知，简则易从。易知则有亲，易从则有功。有亲则可久，有功则可大。可久则贤人之德，可大则贤人之业。易简，而天下之理得矣。天下之理得，而成位乎其中矣。

天尊贵地低下（乾为天，坤为地），乾尊坤卑就定了。卑下、高上陈列了，贵、贱的位置就确定了。天动地静有一定之常，刚、柔就断然区分了。将事情按照类别归聚，万物按照群体区分，吉、凶就生出来了。在天上成为（日、月、风、雷、云、雨）现象，在地上成为（山、川、草、木、鸟、兽）形状，变化就显现了。因此刚柔互相摩擦，八卦（天、地、雷、风、水、火、山、泽）互相激荡。用雷电来鼓动它，用雨水来滋润它。日月运行，一寒一暑更替。阳的规律发展成为男，阴的规律发展成为女。乾阳主导大的开始，坤阴配合着造成万物。乾用他的明白易懂的知识，坤用她简单可行的才能创造万物。平易使得人们容易知道，简单就使人们容易跟从。容易知道就有亲和力，容易跟从就产生功效。有亲和力就可以长久，有功效就可以做大。可以长久下去就是贤人的德化，可以扩大开来就是贤人的事业。容易简单，就得到了天下的道理。天下的道理得到了，事物的（阴阳、刚柔、上下、贵贱）定位就在其中了。

此章节描述天地自然，圣人从中总结出了自然现象背后的规律，排定了阴阳、刚柔、上下、贵贱的位置。

（二）

圣人设卦观象，系辞焉而明吉凶。刚柔相推而生变化。是故吉凶者，失得之象也。悔吝者，忧虞之象也。变化者，进退之象也。刚柔者，昼夜之象也。六爻之动，三极之道也。是故君子所居而安者，《易》之序也。所乐而玩者，爻之辞也。是故君子居则观其象而玩其辞，动则观其变而玩其占，是以自天佑之，吉无不利。

圣人设立八卦，观察卦象爻象，将卦辞、爻辞联系在卦爻后面说明吉凶。刚柔相互推演而产生变化。因此卦辞、爻辞中的吉和凶，是得到和失去的象征。卦辞、爻辞中的悔和吝，是忧虑的象征。卦辞、爻辞的变化，是前进、后退的象征。卦辞、爻辞说的刚柔，是白天黑夜的象征。六爻的变动，是天、地、人三极的互动变化规律。因此君子居家时安于观察的，是《易经》中卦的秩序。乐于揣摩玩味的，是爻的辞。所以君子平居时就观察它的象而揣摩它的辞，行动时就观察它的变化而揣摩玩味占得的结果，因此得到来自上天的庇佑，得吉，没有不利。

此章节说效法自然，设立八卦、六爻，观察变化，加以揣摩，得到上天庇佑。

（三）

象者，言乎象者也。爻者，言乎变者也。吉凶者，言乎其得失也。悔吝者，言乎其小疵也。无咎者，善补过也。是故列贵贱者存乎位，齐小大者存乎卦，辩吉凶者存乎辞，忧悔吝者存乎介，震无咎者存乎悔。是故卦有小大，辞有险易。辞也者，各指其所之。

卦辞是讲卦象的。爻辞是讲爻变的。吉凶是讲得失的。悔吝是讲小毛病的。无咎是善于补过的缘故。因此排列贵贱在于爻位，排定大小在于卦，辨别吉凶在于辞，忧虑在于悔、吝的细小之处，震惊而无咎在于知悔。所以卦有大小，辞有险难平易。辞，是分别指示吉凶去向的。

此章节说如何理解卦辞。

（四）

《易》与天地准，故能弥纶天地之道。仰以观于天文，俯以察于地理，是故知幽明之故。原始反终，故知死生之说。精气为物，游魂为变，是故知鬼神之情状。与天地相似，故不违。知周乎万物而道济天下，故不过。旁行而不流，乐天知命，故不忧。安土敦乎仁，故能爱。范围天地之化而不过，曲成万物而不遗，通乎昼夜之道而知，故神无方而《易》无体。

《易经》所讲的规律与天地的规律一样准确，所以能够普遍包括天地的规律。抬头观察天文，低头观察地理，所以知道地下幽隐、天上光明的原因。考察万物的开始，反推它的终结，所以知道生死的学说。精气成就万物，游魂成为变化，所以知道鬼神的情状。行动与天地相似，所以不违背天地。智慧遍及万物，而规律使天下得利，所以不会过分。其他人旁行而自己的主张不入流，乐天知命，所以不烦忧。安于所居，厚于仁德，所以能够爱人。概括了天地的变化而不过头，包罗成就万物而不遗漏，精通昼夜阴阳的规律而有智慧，所以《易经》神奇没有范围，也没有形体。

此章节说效法天地的人能得到人生的自由。

（五）

一阴一阳之谓道。继之者善也，成之者性也。仁者见之谓之仁，知者见之谓之知，百姓日用而不知，故君子之道鲜矣。显诸仁，藏诸用，鼓万物而不与圣人同忧，盛德大业至矣哉！富有之谓大业，日新之谓盛德。生生之谓易，成象之谓乾，效法之谓坤。极数知来之谓占，通变之谓事，阴阳不测之谓神。

一阴一阳的对立转化称作规律。继承它的是善，成就它的是人性。仁人看见它称为仁，智者看见它称为智，百姓每天在用它而不认识，所以行君子之道的很少。阴阳规律显现在仁上，隐藏在功用里生育万物，它繁衍万物却不与圣人同忧虑，盛德大业到了极点啊！万事万物富有才叫作大业，每天有新的变化叫作盛德。生生不息叫作变易，形成天象叫作乾，仿效它的法则叫作坤。四十九根蓍草分来分去、数来数去求得一爻，反复六次得到一卦，以预知未来，叫作占，通于事物的变化而行动叫作事，阴阳变化而不可预测叫作神。

此章节说阴阳对立统一转化人们天天在用，只是意识不到而已。

（六）

夫《易》，广矣大矣。以言乎远则不御，以言乎迩则静而正，以言乎天地之间则备矣。夫乾，其静也专，其动也直，是以大生焉。夫坤，其静也翕，其动也辟，是以广生焉。广大配天地，变通配四时，阴阳之义配日月，易简之善配至德。

《易经》，包括的范围太广太大了。说远处，没有止境；说到近处，静止而方正，说天地之间的事物无所不备。乾，它静止时是专一的，它运动时是刚直的，因此产生了大。坤，它静止时是收敛的，它运动时是开辟扩展的，因此产生了广。广大与天地相配，变通与四季相配，阴阳的意义与日月相配，平易（不难）简单（不繁）的好处与至德相配。

此章节说《周易》广大悉备，与时变化，平易简单，造福于人。

（七）

子曰：《易》，其至矣乎！夫《易》，圣人所以崇德而广业也。知崇礼卑，崇效天，卑法地。天地设位，而《易》行乎其中矣。成性存存，道义之门。圣人有以见天下之赜（zé），而拟诸其形容，像其物宜，是故谓之象。圣人有以见天下之动，而观其会通，以行其典礼，系辞焉以断其吉凶，是故谓之爻。言天下之至赜而不可恶也。言天下之至动而不可乱也。拟之而后言，议之而后动，拟议以成其变化。

孔子说："《易经》，它达到极致了。《易经》，圣人用来推崇道德、扩大事业。智慧崇高，礼仪谦卑，崇高效法天，谦卑效法地。天地确立了上下的位置，《易经》就运行在其中了。成就万物本性和保持它的存在，是道义的大门。圣人因《易经》而看到天下事物的深奥，从而比拟它的形态，象征事物所适宜象征的，因此叫作象。圣人因《易经》看到天下事物的变动，从而观察事物的交会贯通，用来推行典章制度，联系上卦辞、爻辞来断定事物的吉凶，因此叫作爻。论说天下事物的极度深奥却不可以厌恶否定它，论说天下事物极度变动却不可以看成是混乱不堪的。比拟事物而后说话，评议了它而后行动，经过比拟议论来确定事物的变化。"

此章节说《周易》是圣人用来教育后人效法天地、崇德广业的。

（八）

鸣鹤在阴，其子和之。我有好爵，吾与尔靡之。子曰：君子居其室，出其言善，则千里之外应之，况其迩者乎？居其室，出其言不善，则千里之外违之，况其迩者乎？言出乎身，加乎民，行发乎迩，见乎远。言行，君子之枢机。枢机之发，荣辱之主也。言行，君子之所以动天地也，可不慎乎。同人先号啕而后笑。子曰：君子之道，或出或处，或默或语。二人同心，其利断金。同心之言，其臭（xiù）如兰。初六，藉用白茅，无咎。子曰：苟错诸地而可矣，藉之用茅，何咎之有。慎之至也。夫茅之为物薄，而用可重也。慎斯术也以往，其无所失矣。劳谦，君子有终，吉。子曰：劳而不伐，有功而不德，厚之至也。语以其功，下人者也。德言盛，礼言恭。谦也者，致恭以存其位者也。

亢龙有悔。子曰：贵而无位，高而无民，贤人在下位而无辅，是以动而有悔也。不出户庭，无咎。子曰：乱之所生也，则言语以为阶。君不密则失臣，臣不密则失身，几事不密则害成。是以君子慎密而不出也。子曰：作《易》者，其知盗乎。《易》曰：负且乘，致寇至。负也者，小人之事也。乘也者，君子之器也。小人而乘君子之器，盗思夺之矣。上慢下暴，盗思伐之矣。慢藏诲盗，冶容诲淫。《易》曰：负且乘，致寇至。盗之招也。

　　鹤在树荫里鸣叫，它的小鹤和着它。我有好的俸禄，我跟你共同享受它。孔子说："君子居住在家内，说出的话是善的，千里之外的人会应和他，何况跟他接近的人呢？居住在家内，说出的话是不善的，千里之外的人会违背他，何况接近他的人呢？话出于他自身，影响百姓；行动从近处发出，影响显现到远处。言论行动，是君子的机关按键。机关按键一发动，主宰着人的荣或辱。言论行动，是君子用来运动天地自然的，可以不慎重吗？与他人和同先号哭而后笑。"孔子说："君子的人生之道，或出外做事，或在家隐退，或静默，或说话。两人同心，锋利得可以切断金属。同心的语言，像兰花那样幽香。初六，用白茅铺垫，无害。"孔子说："祭品假如放在地上也可以，用茅草来衬垫，有什么不好？因为慎重之极。茅草这东西是微薄的，而用起来可以很尊重。用慎重的态度来办任何事情，都不会有什么过失。辛劳而谦让，君子有好结果，得吉。"孔子说："有劳苦而不自夸，有功劳而不自以为有德行，厚道之极啊。说的是以他的功劳而甘居人下的人。德说的是盛大，礼讲的是恭谦。谦让，是表达恭敬而保存地位的。阳亢过分的龙有悔恨。"孔子说："尊贵而没有位置，高高在上而没有人民，贤人处在下位而没有人辅佐他，因此每一个行动都是有悔的。没有走出家门，无害。"孔子说："乱之所以产生，是以说话不慎为阶梯造成的。君主说话不严密就会失掉臣子，臣子说话不严密就会失去身体（被杀），事情开始时不严密就会造成危害。因此君子谨慎严密而不出门。"孔子说："创作《易经》的人，是懂得寇盗的吧？《易经》说：'背着东西乘车，招引寇盗来抢。'背着东西，是小民的事。乘的车，是君子的交通工具。而小民乘坐君子的交通工具，寇盗就想来抢夺他了。上面怠惰，下面强暴，寇盗就想攻打他了。怠慢暗藏着引诱寇盗的危机，妖艳的容貌会招引来好色的人。《易经》说：'背着东西乘车，招引来寇盗。'乘非所当，寇盗是招引来的。"

此章节说言行像是弓弩的机关，击发则无回头之箭。学习《周易》必须谨言慎行。这是先决条件，必须遵守。

（九）

天一，地二；天三，地四；天五，地六；天七，地八；天九，地十。天数五，地数五。五位相得而各有合，天数二十有五，地数三十。凡天地之数五十有五，此所以成变化而行鬼神也。大衍之数五十有五，其用四十有九。分而为二以象两，挂一以象三。揲（shé）之以四，以象四时，归奇于扐（lè）以象闰。五岁再闰，故再扐而后挂。乾之策二百一十有六，坤之策百四十有四，凡三百有六十，当期之日。二篇之策，万有一千五百二十，当万物之数也。是故四营而成易，十有八变而成卦。八卦而小成。引而伸之，触类而长之，天下之能事毕矣。显道神德行，是故可与酬酢（zuò），可与佑神矣。子曰：知变化之道者，其知神之所为乎。

天为一，地为二；天为三，地为四；天为五，地为六；天为七，地为八；天为九，地为十。一、三、五、七、九是五个天数，二、四、六、八、十是五个地数。五个数相加各有结果。天数是二十五，地数是三十，合计天地之数是五十五，这是完成变化而运行鬼神的。占问演算用的蓍草数目五十五根，用四十九根（余下的六根表示一卦有六爻）。把（四十九根）蓍草信手分为两部分，放成上下两摊，象征天地。从上面一摊蓍草里，拍出一根来放在上下两摊之间（这就是挂一），象征人。把上面一摊蓍草四根一组、四根一组分开来，象征四时；把余下的蓍草夹在左手的手指缝间象征闰月。阴历五年两闰。下面一摊蓍草同样分拆后，把余下的草夹在右手指中间（这是再扐而后挂），然后把两手指间夹的蓍草合起来。占到乾卦用的草共计二百一十六根次，占到坤卦用的蓍草共计一百四十四根次，合计三百六十根次，大致相当于一年的天数。《易经》的上经（一至三十卦）、下经（三十一至六十四卦）两篇用蓍草的数合计一万一千五百二十根次，相当于万物的数目。因此，经过四次操作而成为一变（四营即四个步骤操作，就是分二、挂一、揲四、归奇）。经过十八次演算变化而得到一卦，八卦初步成立。联想引申八卦的卦辞、爻辞、象辞的意义，碰上同类的事物加以扩大，天下的本领全在这里了。显示出道、神及德行，由此可以跟别人应对，可以得到神灵的福佑了。孔子说："知道变化的规律的人，就能知道神灵的所作所为了吧。"

此章节说如何求卦。

（十）

《易》有圣人之道四焉，以言者尚其辞，以动者尚其变，以制器者尚其象，以卜筮者尚其占。是以君子将有为也，将有行也，问焉而以言，其受命也如响。无有远近幽深，遂知来物。非天下之至精，其孰能与于此。参伍以变，错综其数。通其变，遂成天下之文；极其数，遂定天下之象。非天下之至变，其孰能与于此。《易》无思也，无为也。寂然不动，感而遂通天下之故。非天下之至神，其孰能与于此。夫《易》，圣人之所以极深而研几也。唯深也，故能通天下之志；唯几也，故能成天下之务；唯神也，故不疾而速，不行而至。子曰：《易》有圣人之道四焉者，此之谓也。

《易经》有圣人之道四条：用它来议论的人看重它的卦爻辞，用它来行动的人看重它的变化，用它来制造器物的人看重它的卦象，用它来占问的人看重它说的吉凶。因此君子将要有作为，将要有远行，用言语问它，它接受君子的问话，回答如同响应。不论远的、近的还是暗的、深奥的，就知道将要到来的事物。不是天下极致精微的，谁能达到这样。三番五次变化，数字交错综合。通晓它的变化，即成为反映天下事的文辞；极尽卦爻的数字，就确定天下事物的象征。不是天下最善变化的，谁能达到这样。《易经》作为书，是没有思虑的，没有作为的。寂静不动，感应它就能通晓天下事情的原因。不是天下最神妙的，谁能达到这样。《易经》，圣人是用它探索极深奥的道理并研究事物的细微苗头的。因为深奥，所以能够贯通天下人的意志；因为研究事物的细微苗头，所以能够成就天下事务；因为神妙，所以不疾行而快，不行走而到来。孔子说："《易经》有圣人之道四条，就是说这个。"

此章节说《周易》的神妙作用。

（十一）

子曰：夫《易》何为者也？夫《易》开物成务，冒天下之道，如斯而已者也。是故圣人以通天下之志，以定天下之业，以断天下之疑。是故蓍之德圆而神，卦之德方以知，六爻之义易以贡。圣人以此洗心退藏于密，吉凶与民同患。神以知来，知以藏往，其孰能与此哉。古之聪明睿知，神武而不杀者夫。是以明于天之道，而察于民之故，是兴神物，以前民用。圣人以此齐戒，以神明其德夫。是故阖户谓之坤，辟户谓之乾，一阖一辟谓之变，往来不穷谓之通。见乃谓之象，形乃谓之器，制而用之谓之法。利用出入，民咸用之谓之神。是故《易》有太极，是生两仪，两仪生四象，四象生八卦。八卦定吉凶，吉凶生大业。是故法象莫大乎天地。变通莫大乎四时。县象著明，莫大乎日月。崇高莫大乎富贵，备物致用，立成器，以为天下利，莫大乎圣人。探赜索隐，钩深致远，以定天下之吉凶，成天下之亹（wěi）亹者，莫大乎蓍龟。是故天生神物，圣人则之。天地变化，圣人效之。天垂象，见吉凶，圣人象之。河出图，洛出书，圣人则之。《易》有四象，所以示也。系辞焉，所以告也。定之以吉凶，所以断也。

孔子说："《易经》是用来做什么的呢？《易经》是开创事物、成就所做事务、覆盖天下事物规律的，如此而已。"所以圣人用来通晓天下人的意志，而确定天下的事业，决断天下人的怀疑。所以蓍草占问的性质是运转不定而阴阳不测，卦辞的性质是有一定范围而智慧，六爻的意义用变化奉献给人。圣人用它来洗涤、启发自己的心智，退下来把它藏在秘密处，吉和凶与民众同乐同忧。蓍草占卜的神妙知道未来，所得之卦的智慧隐藏着以往。谁能达到这样啊！是古代聪明智慧神武而不残暴的人吧！因此明白天道规律，细察民众以往之事，启用神物，而用在民众的前面。圣人用它时要斋戒，用以提升《易经》的神明的性质。因此闭门叫作坤，开门叫作乾，一闭一开叫作变化，往来不停叫作通。出现的叫作象，具有形体的叫作器，制造出来利用它叫作效法。利用它或出或入，民众都用它叫作神妙。所以《易经》有太极（指宇宙的本体），由此生出两仪（指天地），两仪生出四象（指春、夏、秋、冬四时），四象生出八卦（指乾、坤、震、艮、离、坎、兑、巽）。八卦确定吉凶，趋吉避凶产生大事业。所以效法象的没有比天地更大的。论说变通的没有比春夏秋冬四时更大的。悬挂最明显的象没有比日月更大的。崇高没有比富贵更大的，储备物品供使用，建立功业，制成器具，为天下人利用，没有比圣人更大的。探索复杂隐蔽的情况，从深处钩取出规律来，致力于远大理想，确定天下事物的吉凶，使天下之人奋勉完成事业的，没有比蓍草、龟的作用更大的。所以天生蓍草、龟这些神物，圣人以它为准则。天地变化，圣人效法它。天垂示各种象征，显现出吉凶，圣人用卦象来仿效它。黄河里出现图，洛水里出现书，圣人以之为准则。《易经》有阴阳老少四象（老阳、老阴、少阳、少阴），用来显示事物的刚柔变化。系辞，用来告诉人们。定下吉凶，用来决断疑难问题。

　　此章节说《周易》如何效法天地。

（十二）

《易》曰：自天佑之，吉无不利。子曰：佑者，助也。天之所助者，顺也；人之所助者，信也。履信思乎顺，又以尚贤也，是以自天佑之，吉无不利也。

子曰：书不尽言，言不尽意。然则圣人之意其不可见乎？子曰：圣人立象以尽意，设卦以尽情伪，系辞焉以尽其言，变而通之以尽利，鼓之舞之以尽神。乾坤，其易之缊邪。乾坤成列，而易立乎其中矣。乾坤毁，则无以见易。易不可见，则乾坤或几乎息矣。是故形而上者谓之道，形而下者谓之器，化而裁之谓之变，推而行之谓之通，举而错之天下之民谓之事业。是故夫象，圣人有以见天下之赜，而拟诸其形容，象其物宜，是故谓之象。圣人有以见天下之动，而观其会通，以行其典礼，系辞焉以断其吉凶，是故谓之爻。极天下之赜者存乎卦，鼓天下之动者存乎辞。化而裁之存乎变；推而行之存乎通；神而明之存乎其人；默而成之，不言而信，存乎德行。

《易经》说："来自天的庇佑，吉，没有不利。"孔子说："佑是帮助。天所帮助的，是顺天道规律的人；人所帮助的，是诚信的人。践行诚信，思路顺着人心情理，又加上尊重贤人，因此天帮助他，吉，没有不利。"

孔子说："书不能完全记下所说的话，说话不能完全表达要说的意思。"然而圣人的意思，不可能看到吗？孔子说："圣人立象来完全表达他的意思，设立卦来完全表达真假，系辞来尽说他想说的话，用变化通达来得到全部利益，击鼓跳舞来表达全部内心世界。"乾坤，是《易经》的全部意蕴吧？乾坤定位排列，《易经》的规律就确立在其中了。乾坤毁灭，就无从看见《易经》的规律了。《易经》的规律看不见，乾坤或许近于熄灭了。所以形象以上的抽象道理叫作规律，形象以下具体的东西叫作器，加以变化而裁制叫作变，加以推行叫作通，把它用在天下国家民众的事情上，叫作事业。所以象，是圣人用来察看天下事物深奥的，比拟它的形状外貌，象征那些合宜的事物，所以叫作象。圣人用来看到天下事物的变动，而看它们的交会变通，用来推行典章制度，附上词语断定它的吉凶，因此称作爻。极尽天下事物深奥的在于卦，鼓吹天下事物的变动在于辞，变化而加以裁定在于变，推行它在于通，神妙明白运用它在于人，默默地做成它，不言而使民众信从，在于德行。

此章节也是说《周易》是如何效法天地的。

系辞传（下）

（一）

八卦成列，象在其中矣。因而重之，爻在其中矣。刚柔相推，变在其中矣。系辞焉而命之，动在其中矣。吉凶悔吝者，生乎动者也。刚柔者，立本者也。变通者，趣时者也。吉凶者，贞胜者也。天地之道，贞观者也。日月之道，贞明者也。天下之动，贞夫一者也。夫乾，确然示人易矣。夫坤，隤然示人简矣。爻也者，效此者也。象也者，像此者也。爻象动乎内，吉凶见乎外，功业见乎变，圣人之情见乎辞。天地之大德曰生，圣人之大宝曰位。何以守位曰仁，何以聚人曰财。理财正辞，禁民为非曰义。

　　八卦成为一列（有天、地、雷、风、水、火、山、泽八物的象），象在其中了。因而重叠为六十四卦，爻在其中了。刚柔互相推演，变化在其中了。辞语附系在卦爻后面而命名它，行动就在其中了。吉、凶、悔、吝，是从行动中产生出来的。刚和柔，是确立（阳爻、阴爻的）根本的。变通，是捕捉时机的。吉凶，是贞守正道取胜的。天地的规律，是贞守示人的。日月的规律，是贞守光明的。天下的运动，是贞守在"一"上的（符合自然规律这一点上）。乾，明确示人平易。坤，柔顺地示人简约。爻，是仿效这些的（指平易、简约）。象，是相似这些的。爻象在卦内变动，吉凶在外显现，功业显现在变化中，圣人的思想感情显现在辞语中。天地的大德是生长万物，圣人的大宝是地位。如何守住地位是仁德，如何使人归附是钱财。理财聚财、端正法令、禁止人民为非作歹是义。

　　此章节告诉人们八卦的形成、内部各种关系、意义效用。

<h2 style="text-align:center">（二）</h2>

　　古者包牺氏之王天下也，仰则观象于天，俯则观法于地，观鸟兽之文与地之宜，近取诸身，远取诸物，于是始作八卦。以通神明之德，以类万物之情。作结绳而为罔罟，以佃以渔，盖取诸离。包牺氏没，神农氏作，斫木为耜，揉木为耒，耒耨之利，以教天下，盖取诸益。日中为市，致天下之民，聚天下之货，交易而退，各得其所，盖取诸噬嗑。神农氏没，黄帝、尧、舜氏作，通其变，使民不倦，神而化之，使民宜之。《易》，穷则变，变则

通，通则久。是以自天佑之，吉无不利。黄帝、尧、舜垂衣裳而天下治，盖取诸乾、坤。刳（kū）木为舟，剡（yǎn）木为楫，舟楫之利，以济不通，致远以利天下，盖取诸涣。服牛乘马，引重致远，以利天下，盖取诸随。重门击柝（tuò），以待暴客，盖取诸豫。断木为杵，掘地为臼，臼杵之利，万民以济，盖取诸小过。弦木为弧，剡木为矢，弧矢之利，以威天下，盖取诸睽。上古穴居而野处，后世圣人易之以宫室，上栋下宇，以待风雨，盖取诸大壮。古之葬者，厚衣之以薪，葬之中野，不封不树，丧期无数，后世圣人易之以棺椁，盖取诸大过。上古结绳而治，后世圣人易之以书契，百官以治，万民以察，盖取诸夬。

上古时代伏羲氏为天下之王时，仰头看天观察天象，俯身看地效法大地，观察鸟兽文饰与地上的万物，近的取自人的身体，远的取自万事万物，开始创作八卦（用天、地、雷、风、水、火、山、泽八种物象）。来会通天地造物的神明大德，象征类似天地万物的情状。结绳来做网，种田打鱼，大概是取法于离卦。伏羲氏死后，神农氏兴起，砍树木制作农具，弯曲树木做犁，耕田除草庄稼丰收之利，用来教天下之人，大概取法于益卦。日中开办集市，招引天下人民，聚集天下货物，交换回家，各自得到所需要的，大概取法于噬嗑卦。神农氏死后，黄帝、尧、舜氏相继兴起，会通前人的变化，使民众利用而不辛劳，加上神妙的改作，适宜民众使用。《易经》，穷塞行不通时就变，变了就行得通，行得通就可以长久。因此天也帮助它，吉而无不利。黄帝、尧、舜垂手无为而天下治平，大概取自乾、坤两卦。挖空树木为船，削木为桨，船和桨带来的便利，用来渡过河流，到达远处使天下人得利，大概取自涣卦。驾牛车运重物，乘马行远路，使天下人得益，大概取自随卦。设立双重门、打梆巡逻，对付盗贼，大概取自豫卦。截断木材做木杵，掘地做臼，杵臼的好处，万民得以除去谷物的壳，大概取自小过卦。施加弓弦于弯木上做弓，削尖木材做箭，弓箭的好处，是树立威信慑服天下，大概取自睽卦。上古时代住在洞穴和野地，后世圣人改用房屋，上有屋梁，下有墙壁，来对付风雨，大概取自大壮卦。上古人死后的下葬，用柴草包得很厚，葬在不远的野地里，不堆土做坟，不种树，服丧的期限没有定数，后世圣人改用棺椁，大概取自大过卦。上古结绳记事来治理，后世圣人用文字契约来代替它，百官用它来治理政事，万民用它来明察事理，大概取自夬卦。

此章节说《周易》的由来和发展。

（三）

是故易者，象也。象也者，像也。彖者，材也。爻也者，效天下之动者也。是故吉凶生而悔吝著也。

所以易就是象。象，就是相似的事物。彖，是裁断、断定。爻，是仿效天下事物变动的。所以吉凶产生，悔吝显明。

此章节说爻象的由来。

（四）

阳卦多阴，阴卦多阳，其何故也。阳卦奇，阴卦耦。其德行何也。阳一君而二民，君子之道也。阴二君而一民，小人之道也。

阳卦（指震卦、坎卦、艮卦，皆两阴爻，一阳爻）多阴爻，阴卦（指巽卦、离卦、兑卦，皆两阳爻一阴爻）多阳爻，是什么

269

缘故？阳卦是奇数为主，阴卦是偶数为主（☳震、☵坎、☶艮，是阳卦，都是五画成卦，是奇数；☴巽、☲离、☱兑，是阴卦，都是四画成卦，是偶数）。什么缘故？阳卦象征两个民众供养一个君主（震、坎、艮皆只有一阳爻代表君，两阴爻代表民，君统治民），这是君子之道。阴卦象征一个民众供养两个君主（巽、离、兑皆两阳爻、一阴爻），二君统治一民，是小人之道。

此章节解释君子之道与小人之道。

（五）

《易》曰：憧憧往来，朋从尔思。子曰：天下何思何虑。天下同归而殊涂，一致而百虑，天下何思何虑。日往则月来，月往则日来，日月相推而明生焉。寒往则暑来，暑往则寒来，寒暑相推而岁成焉。往者屈也，来者信也，屈信相感而利生焉。尺蠖之屈，以求信也。龙蛇之蛰，以存身也。精义入神，以致用也。利用安身，以崇德也。过此以往，未之或知也。穷神知化，德之盛也。

《易》曰：困于石，据于蒺藜，入于其宫，不见其妻，凶。子曰：非所困而困焉，名必辱。非所据而据焉，身必危。既辱且危，死期将至，妻其可得见耶。

《易》曰：公用射隼于高墉之上，获之，无不利。子曰：隼者，禽也。弓矢者，器也。射之者，人也。君子藏器于身，待时而动，何不利之有。动而不括，是以出而有获，语成器而动者也。

子曰：小人不耻不仁，不畏不义，不见利不劝，不威不惩。小惩而大诫，此小人之福也。《易》曰，屦校灭趾无咎。此之谓也。

善不积，不足以成名。恶不积，不足以灭身。小人以小善为无益而弗为也，以小恶为无伤而弗去也，故恶积而不可掩，罪大而不可解。《易》曰：何校灭耳，凶。

子曰：危者，安其位者也。亡者，保其存者也。乱者，有其治者也。是故君子安而不忘危，存而不忘亡，治而不忘乱。是以身安而国家可保也。《易》曰：其亡其亡，系于苞桑。

子曰：德薄而位尊，知小而谋大，力小而任重，鲜不及矣。《易》曰：鼎折足，覆公𫗧，其形渥，凶。言不胜其任也。

子曰：知几其神乎。君子上交不谄，下交不渎，其知几乎。几者，动之微，吉之先见者也。君子见几而作，不俟终日。《易》曰：介于石，不终日，贞吉。介如石焉，宁用终日，断可识矣。君子知微知彰，知柔知刚，万夫之望。

子曰：颜氏之子，其殆庶几乎。有不善未尝不知，知之未尝复行也。《易》曰：不远复，无祗悔，元吉。

天地缊，万物化醇。男女构精，万物化生。《易》曰：三人行则损一人，一人行则得其友。言致一也。

子曰：君子安其身而后动，易其心而后语，定其交而后求。君子修此三者，故全也。危以动，则民不与也。惧以语，则民不应也。无交而求，则民不与也。莫之与，则伤之者至矣。《易》曰：莫益之，或击之，立心勿恒，凶。

《易经》说："热热闹闹地来往，朋友顺从你的思想。"孔子说："天下人想什么，考虑什么？天下人不同的路，但归到同一个地点，百次考虑，为了同一个目的，天下人想什么，考虑什么！太阳落山月亮升起，月亮落山太阳升起，太阳月亮互相推移产生光明。寒冬过去暑天到来，暑天过去寒冬到来，寒冬和暑天相互推移而成为一年。过去的是屈曲，到来的是伸张。屈曲和伸张互相感应交替产生利益。尺蠖的屈曲，是求得伸张。龙蛇的蛰伏，用来保存身体。精通事物的义理，进入神妙的境地，以实现运用。利用所学来使自身安好，用来崇尚仁德。超出以上讲的，我就不再知道了。彻底研究事物的神妙，知道事物的变化，这是盛大的德行。"

《易经》说："被困在岩石上，依靠在荆棘上，回到家里，不见妻子，凶。"孔子说："不该被困而被困，名声必然受辱。不该依靠而依靠，身体必然有危险。既受辱并且危险，死期将至，妻子哪里还能见得到呢！"

《易经》说："公在高墙上用箭射鹰隼，捕获它，没有不利。"孔子说："隼是鸟，弓矢是工具。射它的是人。君子把工具藏在身上，等待时机再行动，有什么不利的？行动而没有阻碍，因此出去就有收获，说的是先制作工具而后行动的人。"

孔子说："小人不以不仁为耻，不怕行为不义，不看见利益不勤勉劳作，不惩戒不晓得威严。施加小的惩处而使得大多数人得到警诫，这是小人的福气。《易经》说：'拖着脚枷，看不到脚趾，无害。'就是说这个。

"善行不积累不足以成就好名声。恶行不积累不足以灭身。小人认为行小善无益而不去做，认为行小恶无害而不改变，故恶行积累而不可掩盖，罪行积累太大而不可解脱。《易经》说：'戴着颈枷遮住耳朵，凶。'"

孔子说："危险，是用来安处他的位置的。失去，是用来保存他所拥有的。变乱，才有治理。因此，君子安居而不忘危险，拥有不忘失去，太平时期不忘记变乱，所以身体平安而国家可以保存。因此《易经》说：'亡啊！亡啊！紧系在茂盛的桑树上。'"

孔子说："德行差而地位高，智慧少而谋划大，力量小而担任重，少一样都不能胜任。《易经》说：'折断了鼎脚，翻倒了公的粥，衣服弄得湿漉漉的，凶。'说的是不胜任。"

孔子说："知道预兆，是神妙吧！君子与上级交往不谄媚，与下级交往不轻慢，他是知道预兆的吧！几，是细微的萌动，是吉凶最先显现出来的苗头。君子看到预兆就行动，不过当天。《易经》说：'坚如磐石，不过当天，贞守得吉。'意志坚如磐石，何用一整天，这个道理断然可以明白的了。君子看到微细的，就知道会彰显出来的大的，知道柔婉的，就知道刚健的，这是万众所厚望于君子的。"

孔子说："颜家的孩子（颜回），他大概差不多吧！自己有不好的没有不知道的，知道了没有再犯的。《易经》说：'错得不远就改正回来，没有后悔，大吉。'"

"天地的阴阳二气交融，万物变化醇厚。男女交媾，万物变化产生。《易经》说：'三人行就会损一人，一人独行就会得到朋友。'说的是达到一致。"

孔子说："君子安定自己以后才行动，将心比心以后才说话，交情深浅确定以后才求人帮助。君子讲究这三点，所以安全。冒着自身危险去行动，人们不会与他一起。自己怀着恐惧说话，人们不会响应。没有交情去求人，人们不会帮助他。没有人帮助他，伤害他的人就来了。《易经》说：'没有人帮助他，就可能有人攻击他，用心不定，凶。'"

此章节内容看上去比较杂，实际上是说学习《周易》必须懂得的各种人情世故知识。这是用好六十四卦解决问题的前提。

（六）

子曰：乾坤，其《易》之门邪。乾，阳物也。坤，阴物也。阴阳合德，而刚柔有体。以体天地之撰，以通神明之德。其称名也，杂而不越。于稽其类，其衰世之意邪。夫《易》彰往而察来，而微显阐幽，开而当名辨物，正言断辞，则备矣。其称名也小，其取类也大。其旨远，其辞文。其言曲而中，其事肆而隐。因贰以济民行，以明失得之报。

孔子说："乾坤两卦，是《易经》的门吧？乾是阳性物，坤是阴性物。阴性和阳性的本性互相配合，而阳刚阴柔各有本体。用来体现天地创造万物，用来会通深奥难测的万物的属性。《易经》各卦的名称，复杂而不越界限。考察它的事类，是处于衰世、为衰世而写的吗？《易经》，彰显过往，察看未来，使细微的显露出来，幽暗的明白起来。《周易》是用适当的名称分辨区别事物，用正确的言辞判断事物性质，十分完备。它取的名字很小，但都代表很大的一类事物。它的旨意深远，它的辞语有文采。它的话委曲但恰中事理，它讲的事情放肆明显但意蕴含蓄。因各人的疑惑来帮助人们行动，以说出得或失的预言。"

此章节介绍六十四卦的取名及文辞。

（七）

《易》之兴也，其于中古乎。作《易》者，其有忧患乎。是故履，德之基也。谦，德之柄也。复，德之本也。恒，德之固也。损，德之修也。益，德之裕也。困，德之辨也。井，德之地

也。巽，德之制也。履，和而至。谦，尊而光。复，小而辨于
物。恒，杂而不厌。损，先难而后易。益，长裕而不设。困，穷
而通。井，居其所而迁。巽，称而隐。履以和行，谦以制礼，复
以自知，恒以一德，损以远害，益以兴利，困以寡怨，井以辩
义，巽以行权。

　　《易经》的创作，大概在中古时代吧？创作《易经》的，大
概心有忧患吧？因此，履卦是践行道德的基础。谦卦是练习道德
的抓手。复卦是自己反归于道德的根本。恒卦是坚守道德加以固
定。损卦是道德的修养（修损不合于道德要求的言行）。益卦是
道德修养的余裕（可以补益别人）。困卦是鉴别一个人道德深浅
的。井卦利人是道德应处之地。巽卦是对道德的制宜裁定（顺时
制宜又不随波逐流）。履卦以和而行动才能达到礼。谦卦尊贵而
光大。复卦从小处辨别事物。恒卦道德条文繁杂而不觉得厌烦。
损卦先难而后易。益卦长久宽裕而不有意做作。困卦身穷困而德
行通畅。井卦居于其所而能迁善施德于人。巽卦得宜而不显山露
水。履卦以和谐来行动，谦卦用来设置礼仪，复卦用来反思自
己，恒卦用来坚定自己的道德操守、专一德行，损卦用来远离灾
害，益卦用来兴利，困卦用来减少怨天尤人的情绪（困厄之时，
自己反思自己，而通而乐），井卦用来辨别意义（存己济人，各
得其宜），巽卦用来进行利害权衡，顺理应变。

　　此章节三次以履、谦、复、恒、损、益、困、井、巽九卦反
复解释君子的道德修养，让人去理解把握。

（八）

　　《易》之为书也，不可远。为道也，屡迁。变动不居，周流

六虚。上下无常，刚柔相易，不可为典要，唯变所适。其出入以度，外内使知惧。又明于忧患与故，无有师保，如临父母。初率其辞，而揆（kuí）其方，既有典常，苟非其人，道不虚行。

《易经》作为书，不可看得很遥远。作为规律屡屡迁移变化。它变动不定，周遍流转在六爻的位置上。上下没有一定，刚柔互相转换，不可作为不变的标准，只是适应变化。它出入有度不过分，在外在内使人知惧。又明白忧患与产生忧患的缘故，虽然没有师保的管教，但如见父母那样小心。开始理解卦爻辞的道理，而后忖度它指示的方向范围，既而就有了规范依据，假如不是通晓《易经》规律的人去使用，《易经》规律是不会在世界上凭空通行的。

此章节说不能刻舟求剑那样去学习《周易》，不能理解它的变化无常思想的人，《周易》的规律是不会通行的。

（九）

《易》之为书也，原始要终，以为质也。六爻相杂，唯其时物也。其初难知，其上易知，本末也。初辞拟之，卒成之终。若夫杂物撰德，辩是与非，则非中爻不备。噫亦要存亡吉凶，则居可知矣。知者观其彖辞，则思过半矣。二与四，同功而异位，其善不同。二多誉，四多惧，近也。柔之为道，不利远者。其要无咎，其用柔中也。三与五，同功而异位。三多凶，五多功，贵贱之等也。其柔危，其刚胜邪。

《易经》作为书，推本溯源它的开始，提要概括它的终结，用作研究求索事物的本质。六爻互相交错，是一定时期内的事物。光看它的初爻，难以明白，看了上面的各爻才容易明白，因为看到了本末。初爻的辞比拟事物的开始，最后（上爻的辞）确定事物的结局。至于错杂事物，陈述它们的属性，辨别是非，那么不是中间的二、三、四、五爻不能完全叙述。噫，要求得存亡吉凶，那么安坐就可知道了。聪明的人看了它的象辞，对事物的思考理解就超过一半了。二爻与四爻，功用相同（偶数、阴位）而位置不同，它的好处作用不同。二爻多称誉，四爻多戒惧，因为四爻离五爻君位近。阴柔之道不利于对离得远的人运用。二爻的要义是无害，它的作用是柔顺而居中位。三爻与五爻，功用相同（奇数、阳位）而位置不同。三爻多凶，五爻多功，与五爻是君位、三爻是臣位的位置贵贱相称。这两个爻位，是阴爻就危险，是阳爻就能胜任。

此章节说如何理解从初爻至上爻各爻位的功能作用，蕴含了六十四卦的成卦规律。

（十）

《易》之为书也，广大悉备。有天道焉，有人道焉，有地道焉。兼三才而两之，故六。六者非它也，三才之道也。道有变动，故曰爻。爻有等，故曰物。物相杂，故曰文。文不当，故吉凶生焉。

《易经》作为书，内容广大，一切都具备。有天的规律，有人世的规律，有地的规律。兼有天地人三才加以重复，所以成为六个爻。六爻不是别的，是天地人的规律。规律有变动，故称爻。爻有等第位置（指初、二、三、四、五、上），故称为事物。物与物相夹杂，故称为文饰（指六爻成卦时的图形，为一卦的文饰）。文饰恰当的生吉，文饰不恰当的生凶（指阳爻、阴爻与爻位匹配不匹配，与时义得当不得当）。

此章节说《周易》天地人三者按各自规律变化，以六爻的变动来表示吉凶。

（十一）

《易》之兴也，其当殷之末世，周之盛德邪，当文王与纣之事邪，是故其辞危。危者使平，易者使倾。其道甚大，百物不废。惧以终始，其要无咎，此之谓《易》之道也。

《易经》的创作，大概在殷商朝的末代，周的德教兴盛时吗？是正当文王与纣王的事件吗？所以它的词语是危言。危险的使它平坦，平易的使它倾危。它的道理很广大，一切事物都不遗漏。警惧于事情的始终，要义是无害，这就叫《易经》的规律。

此章节以探讨《周易》的成书年代来点出"《易》之道"，即成事规律。

（十二）

夫乾，天下之至健也，德行恒易以知险。夫坤，天下之至顺也，德行恒简以知阻。能说诸心，能研诸侯之虑，定天下之吉凶，成天下之亹亹者。是故变化云为，吉事有祥。象事知器，占事知来。天地设位，圣人成能。人谋鬼谋，百姓与能。八卦以象告，爻象以情言。刚柔杂居，而吉凶可见矣。变动以利言，吉凶以情迁。是故爱恶相攻而吉凶生，远近相取而悔吝生，情伪相感而利害生。凡《易》之情，近而不相得则凶。或害之，悔且吝。将叛者其辞惭，中心疑者其辞枝，吉人之辞寡，躁人之辞多，诬善之人其辞游，失其守者其辞屈。

　　乾，是天下最刚健的，德行恒久平易而知道艰险。坤，是天下最柔顺的，德行恒久简约而知道阻塞。能够愉悦人心，能够研究各种思虑，决定天下事的吉凶，成就天下奋勉做事的人。所以对变化的说明与作为，吉事有祥瑞之兆。象事则知道创造器具，占问事情则知道未来。天地设定上下的位置，圣人仿效它来成就它的功能。人的谋划、占问时鬼神的谋划，百姓参与自己的才能。八卦用象来告诉人，卦爻辞以情来说话。刚柔杂处，则吉凶可见了。变动从有利益与否来说，吉凶因情而变迁。因此喜爱和憎恶的人互相攻击，吉凶从此产生；远的、近的互相攻取，悔吝从此产生。真情和假意互相感触，利害从此产生。凡是《易经》表达的情状，人和人接近而不相得就凶，可能害他，产生悔、吝。将要背叛的人，他的话语显得心中有愧；心中有疑惑的人，他的话枝蔓纠缠说不清；吉人话少，急躁的人话多；诬蔑善人的人的话游移不定；进退失去依据的人的话理屈词穷。

　　此章节说圣人效法天地成就八卦，百姓参与占卜筹划，由于人的七情六欲产生吉凶悔吝。

说卦传

（一）

　　昔者圣人之作《易》也，幽赞于神明而生蓍。参天两地而倚数。观变于阴阳而立卦，发挥于刚柔而生爻，和顺于道德而理于义，穷理尽性以至于命。

从前圣人创作《易经》，暗中受神明赞助发明出蓍草来占卜。以"三"这个奇数为天数（指先天八卦乾卦三个阳爻）、"两"这个偶数为地数（指先天八卦坤卦三个阴爻），参照确立卦爻的数。观察天地万物的阴阳变化而确立卦，发挥刚柔消长变化而产生爻，和顺天地万物的规律、属性与适宜，制定人类的道德与义，极尽能力研究天地万物的原理、本性直至于命运。

此章节说圣人创作《周易》，以阴阳、刚柔和人世道德要求，穷极事理、性质至于命运，实际上就是成事规律。

（二）

昔者圣人之作《易》也，将以顺性命之理。是以立天之道曰阴与阳，立地之道曰柔与刚，立人之道曰仁与义。兼三才而两之，故《易》六画而成卦。分阴分阳，迭用柔刚，故《易》六位而成章。

从前圣人创作《易经》，用来顺从性命的道理，因此确立天的规律叫阴与阳，确立地的规律叫柔与刚，确立人世的规律叫仁与义。兼有天地人三才加以重叠，所以《易经》六画成为一卦。六爻分阴分阳，轮替地运用柔和刚，所以《易经》六位而错综成章法。

此章节接着说圣人创立《周易》设定天地人三个互动的"才"，并加以重叠成为六画，组成一卦。

（三）

天地定位，山泽通气，雷风相薄，水火不相射，八卦相错。

数往者顺，知来者逆，是故《易》逆数也。

天地的位置确定，山和泽通气，雷和风互相搏击，水和火不相容，八卦互相交错。数说过去的顺着时间，知道未来的逆着时间，所以《易经》是逆知未来的术数。

此章节说天地定位后，山、泽、雷、风、水、火依次排列，可以数往知来。（如何数往知来前人编造出多种探微说法，毫无意义。按照本书揭示的成卦规律，本书不取。）

（四）

雷以动之，风以散之。雨以润之，日以烜（xuǎn）之。艮以止之，兑以说之。乾以君之，坤以藏之。

雷用以震动万物，风用来吹散万物。雨用来润泽万物，日用来照耀万物。艮用来栖止万物，兑用来喜悦万物。乾用来统治万物，坤用来归藏万物。

此章节说各卦的功用。

（五）

帝出乎震，齐乎巽，相见乎离，致役乎坤，说言乎兑，战乎乾，劳乎坎，成言乎艮。万物出乎震。震，东方也。齐乎巽，巽，东南也。齐也者，言万物之絜齐也。离也者，明也，万物皆相见，南方之卦也。圣人南面而听天下，向明而治，盖取诸此也。坤也者，地也，万物皆致养焉，故曰致役乎坤。兑，正秋也，万物之所说也，故曰说言乎兑。战乎乾。乾西北之卦也，言阴阳相薄也。坎者，水也，正北方之卦也，劳卦也，万物之所归也，故曰劳乎坎。艮，东北之卦也，万物之所成终而所成始也，

故曰成言乎艮。

天帝用雷震使万物出生，用巽风使万物生长整齐，用离的光明使万物相见，劳作役使于坤，喜悦用兑卦表示，搏斗于乾，辛劳于坎，成终在于艮。万物从雷震出生，震是东方。在巽风中生长整齐，巽是东南方。齐是说万物生长清爽整齐。离，是明亮，万物都能相见，是南方的卦。圣人朝南面而听天下之事，天明办理政事，大概是取于此。坤，是地，万物都从大地得到营养，所以说劳作役使于地。兑是正秋天，万物成熟而喜悦，所以说喜悦在于兑。搏斗于乾，乾是西北的卦（是秋末冬初），说阴气与阳气相搏斗。坎，是水，是正北方的卦，是疲劳之卦，是万物休息归藏，所以说劳累于坎。艮，是东北的卦，是冬末春初，是万物所成终、成始之时，所以说完成就说艮。

此章节说各卦所代表的方位和四季时令以及与人生活的关系。

（六）

神也者，妙万物而为言者也。动万物者莫疾乎雷，桡万物者莫疾乎风，躁万物者莫熯（hàn）乎火，说万物者莫说乎泽，润万物者莫润乎水，终万物始万物者莫盛乎艮。故水火相逮，雷风不相悖，山泽通气，然后能变化，既成万物也。

神，指万物的生长变化极神妙而说的。震动万物的没有比雷更快的，吹拂万物的没有比风更快的，干燥万物的没有比火更热的，喜悦万物的没有比水泽更能使万物喜悦的，湿润万物的没有比水更滋润的，终万物、始万物的没有盛大过艮的。所以水火相济，雷风不相矛盾，山与泽通气，然后能变化，既而生成万物。

此章节说雷、风、火、泽、水、艮如何相互配合生成万物。

（七）

乾，健也；坤，顺也；震，动也；巽，入也；坎，陷也；离，丽也；艮，止也；兑，说也。乾为马，坤为牛，震为龙，巽为鸡，坎为豕，离为雉，艮为狗，兑为羊。乾为首，坤为腹，震为足，巽为股，坎为耳，离为目，艮为手，兑为口。

乾是刚健；坤是柔顺；震是动；巽是入；坎是坑陷；离是附丽；艮是静止，兑是喜悦。乾为马，坤为牛，震为龙，巽为鸡，坎为猪，离为野鸡，艮为狗，兑为羊。乾为头，坤为腹，震为脚，巽为大腿，坎为耳，离为目，艮为手，兑为口。

此章节说得不伦不类，"乾为马"以后以及章节（九）违反了六十四卦"其称名也小，其取类也大。其旨远，其辞文"的《周易》宗旨。文章格调天差地别，把各卦具体化为一个个风马牛不相及的事物。应该是后世信奉"算命"的庸儒挂上去的。李光地对此也提出疑问，认为这些不应该是《周易》义例。

（八）

乾，天也，故称乎父。坤，地也，故称乎母。震一索而得男，故谓之长男。巽一索而得女，故谓之长女。坎再索而得男，故谓之中男。离再索而得女，故谓之中女。艮三索而得男，故谓之少男。兑三索而得女，故谓之少女。

乾是天，所以称为父。坤是地，所以称为母。震卦求得的第一爻得男（是阳爻，比作男），所以称他为长男。巽卦求得的第一爻得女（是阴爻，比作女），所以称她为长女。坎卦再次求得的第二爻得男，所以称他为中男。离卦再次求得的第二爻得女，所以称她为中女。艮卦第三次求得的爻得男，所以称他是少男。

兑卦第三次求得的爻得女，所以称她是少女。

此章节在理解卦爻辞时有用，应该是孔子原著里的。

（九）

乾为天，为圆，为君，为父，为玉，为金，为寒，为冰，为大赤，为良马，为老马，为瘠马，为驳马，为木果。坤为地，为母，为布，为釜，为吝啬，为均，为子母牛，为大舆，为文，为众，为柄。其于地也，为黑。震为雷，为龙，为玄黄，为旉，为大途，为长子，为决躁，为苍筤竹，为萑（huán）苇。其于马也，为善鸣，为馵（zhù）足，为作足，为的颡（sǎng）。其于稼也，为反生。其究为健，为蕃鲜。巽为木，为风，为长女，为绳直，为工，为白，为长，为高，为进退，为不果，为臭。其于人也，为寡发，为广颡，为多白眼，为近利市三倍，其究为躁卦。坎为水，为沟渎，为隐伏，为矫輮，为弓轮。其于人也，为加忧，为心病，为耳痛，为血卦，为赤。其于马也为美脊，为亟心，为下首，为薄蹄，为曳。其于舆也，为多眚，为通，为月，为盗。其于木也，为坚多心。离为火，为日，为电，为中女，为甲胄，为戈兵。其于人也，为大腹，为乾卦，为鳖，为蟹，为蠃（luǒ），为蚌，为龟。其于木也，为科上槁。艮为山，为径路，为小石，为门阙，为果蓏（luǒ），为阍（hūn）寺，为指，为狗，为鼠，为黔喙之属。其于木也为坚多节。兑为泽，为少女，为巫，为口舌，为毁折，为附决。其于地也，为刚卤，为妾，为羊。

乾为天，为圆，为君，为父，为玉，为金，为寒，为冰，为大红，为良马，为老马，为瘦马，为杂色马，为树上的果子。坤为地，为母，为布，为锅，为吝啬，为平均，为有子的母牛，为大车，为文饰，为众人，为柄。它在地为黑色。震为雷，为龙，为玄黄色，为出生发芽，为大的泥涂，为长子，为果决急躁，为初生青竹，为水边芦苇。它在马为善于鸣叫，为左足白色，为跑得快，为白额。它在庄稼，是倒生，果实在地下。究其结果震动为健，是蕃盛鲜明。巽为木，为风，为长女，为绳拉直，为工作，为白色，为长，为高，为进退，为无结果，为气味。它对于人是头发少，为阔额，为多白眼，为近于市场三倍利益，究其性质是躁动的卦。坎为水，为沟渎，为隐伏，为把木料弯曲，为弓和木轮。它于人为加忧，为心病，为耳痛，为血卦，为红色。它于马为马脊梁很美，为性急，为低头，为马蹄薄，为牵引。它于车子为多灾难，为通，为月亮，为盗。它于木为坚而多心。离为火，为日，为电，为中女，为甲和盔，为戈和兵器。它于人是大腹，为乾卦，为鳖，为蟹，为蠃，为蚌，为龟。它于木为空心木。艮为山，为路径，为小石，为门楼，为果瓜，为看门人，为手指，为狗，为鼠，为山居兽类。它于木为坚多节。兑为泽，为少女，为巫，为口舌，为毁坏折断，为溃决。它于地为硬碱土，为妾，为羊。

序卦传

有天地，然后万物生焉。盈天地之间者唯万物，故受之以屯。屯者，盈也。屯者，物之始生也。物生必蒙，故受之以蒙。

蒙者，蒙也。物之稚也。物稚不可不养也，故受之以需。需者，饮食之道也。饮食必有讼，故受之以讼。讼必有众起，故受之以师。师者，众也。众必有所比，故受之以比。比者，比也。比必有所畜，故受之以小畜。物畜然后有礼，故受之以履。履者，礼也。履而泰，然后安，故受之以泰。泰者，通也。物不可以终通，故受之以否。物不可以终否，故受之以同人。与人同者物必归焉，故受之以大有。有大者不可以盈，故受之以谦。有大而能谦必豫，故受之以豫。豫必有随，故受之以随。以喜随人者必有事，故受之以蛊。蛊者，事也，有事而后可大，故受之以临。临者，大也。物大然后可观，故受之以观。可观而后有所合，故受之以噬嗑。嗑者，合也。物不可以苟合而已，故受之以贲。贲者，饰也。致饰然后亨则尽矣，故受之以剥。剥者，剥也。物不可以终尽剥，穷上反下，故受之以复。复则不妄矣，故受之以无妄。有无妄物然后可畜，故受之以大畜。物畜然后可养，故受之以颐。颐者，养也。不养则不可动，故受之以大过。物不可以终过，故受之以坎。坎者，陷也。陷必有所丽，故受之以离。离者，丽也。

有了天地然后化生万物。充满天地间的只是万物，所以先贤从天地那里感受到了屯卦。屯是充满，屯是万物开始生长。万物生出来必然蒙昧无知，所以感受到了蒙卦。蒙是蒙昧。万物的幼稚状态。万物幼稚不可不养育，所以感受到了需卦。需是讲饮食规律的。饮食的争夺一定有诉讼，所以感受到了讼卦。争讼一定有众人起而参与，所以感受到了师卦。师是众人。众人一定有相互亲附比邻，所以感受到了比卦。比是亲附比邻。亲附比邻一定有积聚，所以感受到了小畜卦。物积聚了然后有礼，所以感受到了履卦。履是履行礼仪。履行礼仪而太平，然后安，所以感受到了泰卦。泰是通顺。事物不可能永远通顺，所以感受到了否卦。否是闭塞不通，事物不可能永远闭塞，所以感受到了同人卦。与人和同的人，事物一定归附于他，所以感受到了大有卦。拥有多了不可以满盈，所以感受到了谦卦。有大而能够谦逊一定安乐，所以感受到了豫卦。豫是安乐，安乐了就一定有人追随，所以感受到了随卦。喜欢追随的人一定会生事，所以感受到了蛊卦。蛊是生事，有事而后可以做得大起来，所以感受到了临卦。临是大。事物大了然后可观，所以感受到了观卦。可观然后有所融合，所以感受到了噬嗑卦。嗑是合，事物不可以苟且结合在一起，所以感受到了贲卦。贲是文饰。文饰以后事物亨通到尽头了，所以感受到了剥卦。剥是剥落。事物不可能剥落尽，上面剥落完了回到下面再上升，所以感受到了复卦。复原是不谬妄的，所以感受到了无妄卦。有了不虚妄，然后事物可以积蓄，所以感受到了大畜卦。事物积蓄了然后可以养育，所以感受到了颐卦。颐就是养育。不养育就不可能有行动，动则有过，所以感受到了大过卦。事物不可能永远过错下去，有过错会产生危害，所以感受到了坎卦。坎是坑陷。陷落一定有所依附，所以感受到了离卦。离是附丽。

有天地，然后有万物。有万物，然后有男女。有男女，然后有夫妇。有夫妇，然后有父子。有父子，然后有君臣。有君臣，然后有上下。有上下，然后礼义有所错。夫妇之道，不可以不久也，故受之以恒。恒者，久也。物不可以久居其所，故受之以遁。遁者，退也。物不可以终遁，故受之以大壮。物不可以终壮，故受之以晋。晋者，进也。进必有所伤，故受之以明夷。夷者，伤也。伤于外者，必反其家，故受之以家人。家道穷必乖，故受之以睽。睽者，乖也。乖必有难，故受之以蹇。蹇者，难也。物不可以终难，故受之以解。解者，缓也。缓必有所失，故受之以损。损而不已必益，故受之以益。益而不已必决，故受之以夬。夬者，决也。决必有遇，故受之以姤。姤者，遇也。物相遇而后聚，故受之以萃。萃者，聚也。聚而上者谓之升，故受之以升。升而不已必困，故受之以困。困乎上者必反下，故受之以井。井道不可不革，故受之以革。革物者莫若鼎，故受之以鼎。主器者莫若长子，故受之以震。震者，动也。物不可以终动，止之，故受之以艮。艮者，止也。物不可以终止，故受之以渐。渐者，进也。进必有所归，故受之以归妹。得其所归者必大，故受之以丰。丰者，大也。穷大者必失其居，故受之以旅。旅而无所容，故受之以巽。巽者，入也。入而后说之，故受之以兑。兑者，说也。说而后散之，故受之以涣。涣者，离也。物不可以终离，故受之以节。节而信之，故受之以中孚。有其信者必行之，故受之以小过。有过物者必济，故受之以既济。物不可穷也，故受之以未济。终焉。

有了天地然后有万物。有万物然后有男女。有男女然后有夫妇。有夫妇然后有父子。有父子然后有君臣。有君臣然后有上下。有上下然后礼义有所施行。夫妇之道不能不长久，所以感受到了恒卦。恒，是长久。事物不能长久地留在它的处所，所以感受到了遁卦。遁是退隐。事物不能永久退隐，所以感受到了大壮卦。事物不可能永久壮大，所以感受到了晋卦。晋是前进。前进必然有所伤害，所以感受到了明夷卦。夷是伤害。在外面受伤的一定回到家里，所以感受到了家人卦。家道穷困的一定乖违，所以感受到了睽卦。睽是乖违。乖违一定有难，所以感受到了蹇卦。蹇是困难。事物不能永远困难，所以感受到了解卦。解是缓和。缓和下来一定有所损失，所以感受到了损卦。损失不停一定转为得益，所以感受到了益卦。得益不停一定转为溃决，所以感受到了夬卦。夬是溃决。溃决一定有遭遇，所以感受到了姤卦。姤是遇到，事物相遇而后聚集，所以感受到了萃卦。萃是聚集。聚而向上叫作升，所以感受到了升卦。升而不停一定受困，所以感受到了困卦。困在上面一定返回向下，所以感受到了井卦。井用久了要淘井修理，不可不改革，所以感受到了革卦。革新物体没有比鼎好的（指生的煮成了熟的，改变了根本性质），所以感受到了鼎卦。主管祭器鼎的莫如长子最合适，所以感受到了震卦。震是动。事物不能够永远动下去，要停止它，所以感受到了艮卦。艮是停止。事物不能永远静止，所以感受到了渐卦。渐是进。前进一定有个归宿，所以感受到了归妹卦。得到所归必然大起来，所以感受到了丰卦。丰是大。大极了一定失去他的居处，所以感受到了旅卦。旅行则无处容身，所以感受到了巽卦。巽是进入。进入而后喜悦，所以感受到了兑卦。兑是喜悦。悦而后必散之（散，指悦而及人，与人分享），所以感受到了涣卦。涣是离散。事物不可以永远离散，所以感受到了节卦。有节度而后人们信服他，所以感受到了中孚卦。中孚是诚信，有诚信的人必然会行动，动则有差错，所以感受到了小过卦。有过物之能必然成功（指行过于恭、用过于俭），所以感受到了既济卦。事物是不可能穷尽的，所以感受到了未济卦。六十四卦终结于未济。

此章节说六十四卦的互相转接顺序。

杂卦传

乾刚坤柔，比乐师忧。临观之义，或与或求。屯见而不失其居，蒙杂而著。震，起也。艮，止也。损益，盛衰之始也。大畜，时也。无妄，灾也。萃聚而升不来也，谦轻而豫怠也。噬嗑，食也。贲，无色也。兑见而巽伏也。随，无故也。蛊，则饬也。剥，烂也。复，反也。晋，昼也。明夷，诛也。井通而困相遇也。咸，速也。恒，久也。涣，离也。节，止也。解，缓也。蹇，难也。睽，外也。家人，内也。否泰，反其类也。大壮则止，遁则退也。大有，众也。同人，亲也。革，去故也。鼎，取新也。小过，过也。中孚，信也。丰，多故也。亲寡，旅也。离上而坎下也。小畜，寡也。履，不处也。需，不进也。讼，不亲也。大过，颠也。姤，遇也，柔遇刚也。渐，女归待男行也。颐，养正也。既济，定也。归妹，女之终也。未济，男之穷也。夬，决也，刚决柔也。君子道长，小人道忧也。

乾卦刚健，坤卦柔顺，比卦快乐，师卦忧愁。临卦（临民施行政事）、观卦（观民求民情）的意义，或者施行政事，或者探求民情。屯卦萌芽出现，各居其所，蒙卦初生错杂而显著。震卦是起动。艮卦是停止。损卦是衰败的开始，益卦是兴盛的开头。大畜卦讲的是时机。无妄卦为外来之灾。萃卦是聚集而升卦是不下来，谦卦自轻而豫卦享乐自怠。噬嗑卦吃东西。贲卦返璞归真而无色。兑卦外现而巽卦隐伏。随卦追随别人无成见。蛊卦整顿而新。剥卦腐烂。复卦返回。晋卦是白天。明夷卦被伤害。井卦通顺往来不穷而困卦遇困。咸卦快速（心的感动速度最快）。恒卦长久。涣卦离散。节卦节止。解卦缓慢解脱。蹇卦是难。睽卦疏远在外。家人卦回到家里。否卦、泰卦相反，从闭塞到通顺。大壮卦则停止，遁卦退逃。大有卦众多。同人卦亲密。革卦去旧的。鼎卦取新的。小过卦过头了。中孚卦有信用。丰卦物盛则多故人。旅卦少亲人。离卦火向上而坎卦水向下。小畜卦积蓄少。履卦不安处。需卦不前进。讼卦不亲近。大过卦颠覆。姤卦遇见，柔遇见刚。渐卦女子等待男方来迎娶。颐卦养正气。既济卦定局了。归妹卦女子出嫁有了归宿。未济卦是男人穷厄。夬卦是决去，刚决掉柔。君子之道长，小人之道堪忧。

结束语

　　读万卷书，行万里路，吃万般苦，解《周易》书。

　　在这里要感谢几个志同道合的共产党员：挚爱中华文化的老朋友虞文军，是他建议我把研究《周易》的心得写成书公之于世，世间才有此书及之后发生的事情；同是老三届高中六六届的老领导陈卫东，看了初稿后，确立了此书的主心骨；我的高中六六届同班同学陈凤济，建议我通俗浅显地解释几个民间关心的关于《周易》的疑惑。作为中华文明的重要组成部分，《周易》与日月星辰同辉！同在！发出永恒的光芒！

2024年10月